Trockenfleisch, Beef Jerky & Biltong einfach selber machen

Herstellung und Verlag:
BoD- Books on Demand, Norderstedt

ISBN: 978-3-7528-0373-0

2.Auflage

EINLEITUNG

GESCHICHTE UND HERKUNFT VON TROCKENFLEISCH

Trockenfleisch, das auch als Dörrfleisch bekannt ist, ist rohes Fleisch, das durch den Entzug von Wasser konserviert wurde. Diese Art der Haltbarmachung von Fleisch ist nicht nur in Europa, Amerika, Türkei, Afrika, sondern auch in anderen Teilen der Welt bekannt und verbreitet.
Eine der bekanntesten und beliebtesten Arten des Trockenfleisches ist das amerikanische Beef Jerky. Diese Trockenfleischspezialität unterscheidet sich von den anderen Sorten dadurch, dass das zur Trocknung in dünne Streifen oder Scheiben geschnittene Fleisch zuvor einen Tag lang mariniert wurde.

ENTSTEHUNGSGESCHICHTE VON TROCKENFLEISCH

Die Konservierung von Fleisch durch Trocknung ist eine der ältesten Arten um es haltbar zu machen und entstand eher aus einer Notwendigkeit heraus. Früher mussten vor allem Vorräte für den Winter angelegt werden. Diese mussten lange haltbar sein, um die Menschen auch im Winter ernähren zu können. Die Konservierung von Fleisch war auch nötig, um Proviant herzustellen. Vor allem in trockenen Klimazonen ist es vorteilhafter, Fleisch zu trocknen anstatt es zu räuchern. Das Fleisch wurde mit Gewürzen und Salz eingelegt und anschließend durch Sonne und Wind getrocknet. Das Salz entzog dem Fleisch das Wasser und die Gewürze sorgten für

Trockenfleisch, Beef Jerky & Biltong einfach selber machen

einen abwechslungsreichen Geschmack. Das getrocknete Fleisch war danach lange haltbar und half beim Überwintern oder als Notvorrat für Reisen.

DIE HERKUNFT VON BEEF JERKY

Beef Jerky stammt aus dem amerikanischen Raum und ist dort überall zu bekommen. Es wird vor allem als Imbiss und ohne weitere Zubereitung verzehrt. Aber nicht nur zum Verzehr zwischendurch ist Beef Jerky beliebt, sondern auch als Proviant für unterwegs.

In Amerika geht das Beef Jerky auf die Ureinwohner Nordamerikas, die Indianer, zurück. Damals wurde nicht Rind, sondern Büffelfleisch durch Trocknung haltbar gemacht. Hierfür wurde immer das dunkle Fleisch des Büffels verwendet, das in dünne Streifen geschnitten und anschließend in eine Marinade aus frischen Kräutern eingelegt oder nur mit Salz bestreut wurde. Zum Trocknen wurde es in die Sonne gehängt oder über dem offenen Feuer geräuchert und war schließlich für Wochen haltbar. Für den Verzehr wurde das getrocknete Fleisch weich geklopft mithilfe eines Steines und anschließend in einem Topf mit Wasser erhitzt oder man kaute es ohne vorherige Zubereitung. Zu dieser Zeit nannte sich das Trockenfleisch der Indianer Pemmikan. Die europäischen Siedler in Nordamerika übernahmen die Idee des Trockenfleisches, entwickelten sie weiter und legten schließlich ihr Fleisch vorher in einer Soße, bevor sie es trocknen ließen. Die Einwanderer verwendeten Rind zur Herstellung ihres Trockenfleisches und nannten es Jerky oder auch Beef Jerky.

Trockenfleisch, Beef Jerky & Biltong einfach selber machen

Das Original Beef Jerky ist aus Rindfleisch. Andere Fleischarten, wie beispielsweise Geflügel und Schwein, die getrocknet werden, bezeichnet man jedoch oft nur als Jerky.

Ich möchte Ihnen mit meiner Rezeptsammlung die Möglichkeit geben, schmackhaftes Jerky selbst herstellen zu können.

WAS SIE BENÖTIGEN

Die Rezepte sind so gestaltet, dass Sie lediglich das passende Fleisch, Gewürze und einen Backofen benötigen.
Wenn Sie zusätzlich einen Dörrautomat besitzen, mit dem Sie Trockenfleisch herstellen möchten, verkürzen sich die Trocknungszeiten selbstverständlich.

Aber egal welche Methode Sie wählen, bedenken Sie bitte, dass alle Zeitangaben nur Richtwert darstellen. Je nach Gerät, Umgebungstemperatur, Fleischdicke usw. ist es unbedingt erforderlich dass Sie den Trocknungsvorgang regelmäßig kontrollieren, damit Ihnen Ihr Trockenfleisch auch gelingt.

Bei der Auswahl des Fleisches achten Sie bitte darauf, dass so wenig Fett und Sehnen wie nur möglich enthalten sind. Fett und Sehnen haben Auswirkungen auf den Trocknungsprozess, den Geschmack und auch die Haltbarkeit. Deswegen wählen Sie Ihr Fleisch so mager wie nur möglich.

Eine gute Hygiene sollte selbstverständlich sein und Sie sollten darauf achten, dass Sie nur saubere Utensilien zur Verarbeitung benutzen. Ich empfehle auch generell die Verwendung von Einweghandschuhen, da bei der Trocknung von Fleisch keine hohen Temperaturen zum Einsatz kommen. Und schnell könnte Ihnen Ihr Trockenfleisch verderben, wenn Sie irgendwelche Anhaftungen am Fleisch haben, ohne es zu bemerken.

Und nun wünsche ich Ihnen gutes Gelingen und einen guten Appetit.

Trockenfleisch, Beef Jerky & Biltong einfach selber machen

KLASSISCHE REZEPTE

BEEF JERKY # 1

1 kg Rumpsteak (oder Flanke oder Bruststück)
1/4 Tasse Sojasauce
1 EL Worcestersauce
jeweils 1/4 TL Pfeffer und Knoblauchpulver
1/2 TL Zwiebelpulver
1 TL Salz (Hickory-Rauchgeschmack)

Das Fett vom Fleisch trennen. Das Fleisch in etwa ½ cm dicke Scheiben schneiden. In einer Schüssel alles bis auf das Fleisch verrühren, bis sich die Zutaten auflösen. Das Fleisch hinzufügen und alles gut durchmischen. Eine Stunde ruhen lassen. Die überschüssige Flüssigkeit vom Fleisch abschütteln und die Fleischscheiben auf Roste oder flache Kuchenbleche legen. Das Fleisch bei möglichst niedriger Ofentemperatur (80 oder 100°) trocknen, bis es braun, hart und trocken ist. Kann bis zu 24 Stunden dauern.

BEEF JERKY # 2

750 g Steak von der Flanke

Ein 1¼ cm dickes Flanken- oder Rumpsteak wählen und vom Fett trennen. Das Fleisch einfrieren, bis es fest ist. Quer zur Faser in etwa 1 cm breite Streifen schneiden. Die Fleischstreifen auf einer flachen Schale oder auf einer Plastiktüte ausbreiten. Das Fleisch mit Soja- oder

Terriyakisauce bedecken. Auf Wunsch Zwiebeln, Knoblauchpulver oder Worcestershire-Sauce dazugeben. Das Fleisch in der Sauce wälzen und darauf achten, dass jedes Stück bedeckt wird. Abgedeckt im Kühlschrank mehrere Stunden oder über Nacht ruhen lassen. Das Fleisch aus der Marinade herausheben, abtropfen lassen und an der Luft für ein paar Stunden trocknen lassen. Die Fleischstreifen in einzelnen Schichten auf feinem Draht- oder Kuchengitter verteilen. Im Ofen bei niedriger Temperatur (80-100 Grad) oder einem Räucherofen garen, bis das Fleisch vollständig getrocknet ist. Luftdicht aufbewahren und als Snack oder Vorspeise servieren.

BEEF JERKY # 3

1/2 TL Pfeffer (MEHR FÜR MEHR SCHÄRFE)
1/2 TL Knoblauchpulver
1/2 TL Zwiebelsalz
500 g Roast Beef
1/2 Tasse Sojasauce
1/2 TL Knoblauchsalz
1/2 TL Zitronenpfeffer

Das Fleisch eine Stunde oder über Nacht marinieren. Im Ofen, am besten 10-12 Stunden über Nacht, bei 60 bis 80° trocknen lassen.

BEEF JERKY # 4

1 Flankensteak oder London Broil
Grob gemahlener schwarzer Pfeffer
1/2 Tasse Sojasauce
Knoblauchpulver

Das Fleisch in 1/4 Zoll breite Streifen schneiden und mit Knoblauchpulver und schwarzem Pfeffer bestreuen. 24 Stunden in Sojasauce marinieren. Im Ofen 10 bis 12 Stunden bei 65° trocknen. Achten Sie darauf, 65° nicht zu überschreiten.

BEEF JERKY # 5

1 kg London Broil
1/2 Tasse Sojasauce
2 EL Worcestershire Sauce
2 TL Knoblauchpulver
2 TL Zwiebelpulver
2 TL frisch gemahlener schwarzer Pfeffer
2 TL Paprika Flocken (weniger für weniger Schärfe)
2 EL Liquid Smoke

Das London Broil (oder einen anderen mageren Braten) einfrieren. Den Braten aus dem Gefrierschrank nehmen und antauen lassen. Wenn es gerade möglich ist, ihn in Scheiben zu schneiden, zunächst sämtliches Fett entfernen und das Fleisch dann quer zur Faser in dünne (1/2 cm oder weniger) Scheiben schneiden. Das Fleisch mit der Marinade bedecken, ab und zu wenden, und die Marinade über Nacht einziehen lassen. Am Morgen ein flaches Backblech mit ein paar

Schichten Papierhandtüchern bedecken und auf den unteren Rost legen. Die Fleischscheiben vom oberen Rost mit Zahnstochern über die Papierhandtücher hängen. 6 Stunden bei 70° trocknen lassen. Bei einem kleinen Backofen die Tür ein wenig öffnen, damit der Wasserdampf entweichen kann.

BEEF JERKY # 6

1 kg Rumpsteak, Kurzrippensteak oder Braten
1 TL Zwiebelsalz
1/2 TL Salz
1/2 TL Knoblauch Salz
1/2 TL Zitronenpfeffer
1/2 TL Wurstwürze
1/2 TL Thymian
1/2 TL Oregano
1/2 TL Majoran
1/2 TL Basilikum

Die Gewürze in einer Schüssel vermischen. Das Fleisch in dünne Streifen (weniger als ½ cm) schneiden und sämtliches Fett entfernen. Eine Seite mit den Gewürzen bestreuen und das Fleisch mit einem Fleischhammer flach klopfen. Wenden und die Prozedur wiederholen. Die Streifen auf ein Backblech oder in eine flache Pfanne legen. In einem Ofen 4 Stunden bei 50° trocknen. Wenden und weitere 4 Stunden trocknen. Während der gesamten Zeit die Ofentür geöffnet lassen, damit die Feuchtigkeit entweichen kann. Bei einem Gasofen reicht die Sparflamme, um die benötigte Wärme zu erzeugen. Das Beef Jerky in einer Plastiktüte oder einem Kissenbezug lagern, auf keinen Fall in einem Papierbeutel.

BEEF JERKY # 7

1 Flankensteak
1 Knoblauchzehe, gehackt
1/2 Tasse Honig
1 Prise Pfeffer
4 EL Zitronensaft
1/2 Tasse Sojasauce
1 Prise Salz

Das Steak für etwa eine halbe Stunde in den Gefrierschrank legen, bis es fest ist. Dann quer zur Faser in etwa ½ cm dicke Streifen schneiden. Die restlichen Zutaten mischen und die Steakstreifen darin mindestens 2 Stunden lang einlegen. Die Scheiben in eine Pfanne legen und im Ofen bei 65° Grad 12 Stunden trocknen.

BEEF JERKY # 8

1/2 Tasse Sojasauce
1/2 Tasse Worcestershire Sauce
2 EL Ketchup
1/2 TL Pfeffer (mehr für mehr Schärfe)
1/2 TL Knoblauchpulver
1/2 TL Zwiebelsalz
500 g Braten

Das Fleisch 1 Stunde oder über Nacht einlegen und im Ofen bei 65-80° über Nacht 10-12 Stunden lang trocknen.

BEEF JERKY # 9

1 kg sehr mageres Flankensteak oder Bruststück
1/3 Tasse Tamari Sojasauce
1 Knoblauchzehe, fein gehackt

Das Fleisch vom Fett befreien. Quer zur Faser in 2 Stücke schneiden; danach der Länge nach mit der Faser in 10 cm-Streifen schneiden. Sojasauce und Knoblauch in einer Rührschüssel mischen, das Fleisch hinzufügen und für 15 bis 20 Minuten einlegen, dabei gelegentlich umrühren. Abtropfen lassen und in einzelnen Schichten auf einem Drahtgitter im Backofen anordnen. Über Nacht 12 Stunden lang bei 65° trocknen. Das Fleisch auf Küchenpapier legen, um überschüssiges Fett aufnehmen. In einem luftdichten Behälter aufbewahren. Mehrere Wochen haltbar. Benötigt keine Kühlung.

BEEF JERKY # 10

1 – 1½ kg Rindfleisch
1/2 Tasse Sojasauce
1/2 Tasse Worcestershire-Sauce
2 TL Accent
2/3 TL Knoblauchpulver
2 TL Zwiebelpulver
2/3 TL schwarzer Pfeffer
2 TL Gewürzsalz

Das Fleisch mit der Faser in 1¼ cm dicke Streifen schneiden. Alle anderen Zutaten zu einer Marinade mischen. Das Fleisch für 24 Stunden einlegen, dabei darauf achten, dass das Fleisch komplett bedeckt ist. Die Fleischstreifen auf einem Rost ausbreiten und 8 Stunden lang bei 65° Grad trocknen.

BEEF JERKY # 11

1 kg Rumpsteak (halbgefroren)
40 ml Sojasauce
25 ml Liquid Smoke
2 ml Knoblauchpulver
2 ml Zwiebelpulver
1 ml schwarzer Pfeffer

Schneiden Sie ca. 1 kg Rumpsteak (halbgefroren) gegen die Faser in 1 cm dicke Streifen. Marinieren Sie das Fleisch im abgedeckten Behälter im Kühlschrank 4 Stunden lang (oder über Nacht). Nehmen Sie das Fleisch aus der Marinade und breiten Sie die Streifen auf Rosten auf Backblechen aus. Bei 100° 6 bis 7 Stunden lang trocknen und im ausgeschalteten Ofen über Nacht weitertrocknen lassen.

BEEF JERKY # 12

mageres Rindfleisch
Sojasoße
Zitronenpfeffer
Knoblauchsalz

Das Fleisch 30 Minuten lang einfrieren. In etwa ½ cm dicke Scheiben schneiden und sämtliches Fett entfernen. Die Sojasauce mit Zitronenpfeffer und Knoblauchsalz mischen und die Scheiben eintauchen. Breiten Sie die Scheiben auf Gittern auf Backblechen aus. Im 65° warmen Ofen für 10 bis 12 Stunden trocknen. Luftdicht aufbewahren.

BEEF JERKY # 13

500 g mageres Rindfleisch
1/4 Tasse Soja-Sauce
1 TL Knoblauchpulver

Schneiden Sie das magere Rindfleisch (Schulterstücke, Flanken- oder Rumpsteaks) mit der Faser in etwa 1 cm breite und 5 – 15 cm lange Streifen. Die Streifen mit einer Mischung aus Sojasauce und Knoblauchpulver bestreichen. Platzieren Sie das Fleisch auf einem Gitter in einem tiefen Backblech; anschließend für 8-12 Stunden im Ofen bei 65°C vollständig trocknen.

BEEF JERKY # 14

500 g Rinderlende Spitze/Rinderbrust
Jetton's Barbecue Sauce oder andere zuckerfreie Barbecue Sauce
Zwiebelsalz
Knoblauchsalz

Rollen Sie die Fleischscheiben so dünn wie möglich. Das Fett entfernen. Backofen auf 100 Grad vorheizen und Backbleche mit Folie auslegen. Bestreichen Sie eine Seite des Fleischs mit der Sauce. Legen Sie die Scheiben in einzelnen Schichten auf das Backblech, nicht überlappend. Bestreuen Sie die Scheiben leicht mit dem Zwiebel- und Knoblauchsalz. Für 8 bis 9

Stunden erhitzen. Nach 6 Stunden das Fleisch wenden und mit der Sauce bestreichen. Auskühlen lassen und in einem luftdicht abgedeckten Glas oder in einer Plastiktüte versiegelt aufbewahren.

BEEF JERKY # 15

250 g Flankensteak
1 TL Salz
2 TL Sherry
4 TL Honig
3 EL Zucker
1 EL Ketchup
1 EL Hoisinsauce
1 EL Austernsauce
1 EL helle Sojasauce
1 EL dunkle Sojasauce

Zunächst das Fleisch teilweise einfrieren, dann in dünne Scheiben schneiden. Rest der Zutaten vermischen und das Fleisch mindestens 1 Tag lang einlegen. In einzelnen Schichten bei 120 Grad für 45 bis 55 Minuten trocknen.

BEEF JERKY # 16

2½ kg Rindfleisch (Braten)
1/4 Tasse Sojasauce
1 EL Worcestershire Sauce
1 TL Knoblauchpulver
1 TL Zwiebelpulver
1 TL schwarzer Pfeffer (wenn möglich gemahlen)

Paprikaflocken (optional)
1 EL Liquid Smoke

Die Fleischstreifen für etwa 24 Stunden marinieren. Aus der Marinade nehmen und an der Luft mindestens eine Stunde lang trocknen lassen. Wenn Sie einen Räucherofen haben, lassen Sie den Liquid Smoke weg und räuchern das Fleisch bei einer niedrigen Temperatur.

BEEF JERKY # 17

1 Flankensteak
1 Knoblauchzehe, gehackt
1/2 Tasse Honig
1 Prise Pfeffer
4 EL Zitronensaft
1/2 Tasse Sojasauce
1 Prise Salz

Das Steak für etwa eine halbe Stunde in den Gefrierschrank legen, bis es fest ist. Schneiden Sie das Steak gegen die Faser in ca. 1/4-Zoll dicke Scheiben. Mischen Sie die restlichen Zutaten und legen Sie die Steakstreifen mindestens 2 Stunden lang darin ein. Legen Sie die Scheiben auf ein Gitter und trocknen Sie sie 12 Stunden lang im Ofen bei 65 Grad.

BEEF JERKY # 18

1½ kg Roastbeef (oder ähnlich)
1/2 Tasse helle japanische Sojasauce
1/4 Tasse Worcestershire-Sauce
1/4 Tasse weißer Essig
1 Tasse Wasser
1/2 TL gemahlener Ingwer
1/4 TL gemahlener roter Pfeffer
1/4 TL gemahlener schwarzer Pfeffer
1 EL Zwiebelpulver
1 Knoblauchzehe; zerrieben

Lassen Sie den Braten vom Metzger quer zur Faser in ½ cm dicke Scheiben schneiden, oder machen Sie es selbst zu Hause, wenn sie ein gutes Messer haben. Entfernen Sie das Stück Fett von der Unterseite. Trennen Sie die zwei Hauptsehnen (Die Faser verläuft auf beiden Seiten entgegengesetzt.) und entfernen Sie den Knorpel. Die zwei Sehnen gegen den Strich in ½ cm dicke Scheiben schneiden. Mischen Sie die Sojasauce und die restlichen Zutaten zu einer Marinade und legen Sie die Fleischscheiben für 6 oder 8 Stunden im Kühlschrank ein.

BEEF JERKY # 19

1 kg Rumpsteak, Kurzrippensteak oder Braten
1 TL Zwiebelsalz
1/2 TL Salz
1/2 TL Knoblauch Salz
1/2 TL Zitronenpfeffer
1/2 TL Wurstwürze

1/2 TL Thymian
1/2 TL Oregano
1/2 TL Majoran
1/2 TL Basilikum

Die Gewürze in einer Schüssel vermischen. Das Fleisch in dünne Streifen (etwa ½ cm) schneiden und sämtliches Fett entfernen. Eine Seite mit den Gewürzen bestreuen und das Fleisch mit einem Fleischhammer flach klopfen. Wenden und die Prozedur wiederholen. Die Streifen auf ein Backblech oder in eine flache Pfanne legen. In einem Ofen 4 Stunden bei 50° trocknen. Wenden und weitere 4 Stunden trocknen. Während der gesamten Zeit die Ofentür geöffnet lassen, damit die Feuchtigkeit entweichen kann. Bei einem Gasofen reicht die Sparflamme, um die benötigte Wärme zu erzeugen. In einer Plastiktüte lagern.

BEEF JERKY # 20

2 ¼ L Wasser
2 Tassen Salz
1 Tasse Essig
2 EL Pfeffer

Schneiden Sie das Fleisch so dünn wie möglich. Entfernen Sie das gesamte Fett. Etwa 6 Minuten lang kochen. Die Feuchtigkeit aus dem Fleisch wringen. Auf ein Backblech legen und in der Mitte des Ofens für 1 1/2 bis 2 Stunden bei 100 °C trocknen. Lassen Sie dabei die Ofentür einen Spalt offen, damit die Feuchtigkeit entweichen kann. Umhüllen Sie das Fleisch mit Liquid Smoke und A-1-Sauce. In einem luftdichten Glas aufbewahren.

BEEF JERKY # 21

1 Flankensteak
4 EL Zitronensaft
1 Knoblauchzehe, fein gehackt
1/2 Tasse Soja-Sauce
1/2 Tasse Honig
1 Prise Salz
1 Prise Pfeffer

Das Steak für etwa eine halbe Stunde in den Gefrierschrank legen, bis es fest ist. Schneiden Sie das Steak gegen die Faser in ca. ½ cm dicke Scheiben. Mischen Sie die restlichen Zutaten und legen Sie die Steakstreifen mindestens 2 Stunden lang darin ein. Legen Sie die Scheiben auf ein Gitter und trocknen Sie sie für 12 Stunden im Ofen bei 65 Grad.

BEEF JERKY # 22

1 kg Fleisch, mit der Faser geschnitten
1/4 Tasse Sojasauce
1 EL Worcestershire-Sauce
1/4 TL Pfeffer
1/4 TL Knoblauchpulver
1/2 TL Zwiebel Salz
1 EL Tacosoße
1 TL Hickory-Rauchsalz
1 Schuss Tabasco

Die Zutaten über das Fleisch gießen und 24 Stunden marinieren. Getrennt auf den Grill legen und bei 65 Grad für 5

Trockenfleisch, Beef Jerky & Biltong einfach selber machen

Stunden trocknen, dabei ein paar Mal wenden. Falls gewünscht mit Liquid Smoke und Salz nachwürzen.

Trockenfleisch, Beef Jerky & Biltong einfach selber machen

WILD JERKY

1 kg Wildbret
1 Tasse Soja-Sauce
1 TL Zitronensaft
1/2 TL Schwarzer Pfeffer
1/4 TL Knoblauch

Schneiden Sie das Wild in Streifen von ungefähr ½ x 2 ½ x 20 cm. Alle Zutaten mischen und das Fleisch ca. 10 Stunden marinieren, dabei stündlich drehen. Auf dem Grill trocknen oder auf einer Grillpfanne ausbreiten und dann im Ofen bei schwacher Hitze trocknen.

WELTBERÜHMTES BEEF JERKY

Sojasauce
Worcestershire-Sauce
Brauner Zucker
Knoblauch, zerstoßen
Paprika-Sauce (Tabasco oder andere)
Roter Kochwein
Jamaikanisches Fleischgewürz oder A-1-Sauce

Beginnen Sie mit ein 1 oder mehr kg von sehr magerem Rinderbraten. Sie sollten, wenn möglich, einen Braten mit sichtbarer Faser und wenig/ohne Fett wählen. Es muss nicht die beste Qualität sein, und tatsächlich scheinen weniger zarte Stücke bessere Ergebnisse zu bringen. Das Mischen der Sauce ist weitgehend eine Frage des Geschmacks. Man kann sich an 3 Teilen Sojasauce, 1 Teil Worcestershire, einem Teil braunen Zucker orientieren, und den Rest nach Geschmack hinzufügen.

Trockenfleisch, Beef Jerky & Biltong einfach selber machen

Es sollte eine sehr salzige, scharfe und leicht süßliche Marinade ergeben. Fügen Sie Rotwein hinzu, um den Salzgehalt zu verringern und/oder verdünnen Sie die Sauce mit dem Wein, wenn sie zu scharf ist. Sie sollten jedoch nicht mehr als etwa 30 bis 40% Rotwein verwenden, da das Salz notwendig ist, um das Fleisch zu konservieren. Beschränken Sie sich nicht unbedingt auf das genaue Rezept, viele Zubereitungsarten führen zu einem guten Ergebnis. Schneiden Sie mit einem sehr scharfen Messer den ungekochten Braten mit der Faser (in der Regel der Länge nach) in weniger als ½ cm dicke Streifen. Dünnere Scheiben machen das Jerky würziger und schärfer, dickere (bis 1 cm) machen es leichter zu schneiden, aber erhöhen die Trockenzeit. Entfernen Sie erneut sämtliches Fett und füllen Sie die Scheiben zusammen mit der Marinade in einen großen Druckverschlussbeutel. Dabei darauf achten, dass so wenig Luft wie möglich im Beutel ist. Bei Raumtemperatur für mindestens eine Stunde einwirken lassen. Fleischstreifen herausnehmen und in einzelnen Schichten auf Blechen ausbreiten. Bestreichen Sie sie einseitig mit großen Mengen schwarzen Pfeffers. Im Dehydrator auf hoher Stufe (60 Grad) oder im Ofen mit der niedrigsten Einstellung trocknen. Beim Ofen die Tür leicht öffnen. Die Trocknungszeit beträgt etwa 8 bis 10 Stunden, bei dickeren Stücken kann es aber doppelt so viel Zeit in Anspruch nehmen. Einige der Außenfasern sollten beim Biegen splittern, wenn sie fertig sind. Das Jerky hält sich bei Raumtemperatur für ein paar Wochen und wird sogar nach ein oder zwei Tagen besser, da sich die Feuchtigkeit gleichmäßiger verteilt.

Trockenfleisch, Beef Jerky & Biltong einfach selber machen

WILD JERKY

3/4 Tasse Sojasauce
1 Tasse Worcestershire-Sauce
3 TL Salz
2 TL zerkleinert schwarze Pfefferkörner
2 TL Graham Marsala
1 TL Knoblauchpulver
1 TL Zwiebelpulver
2 TL Pökelsalz

Mischen Sie alle Zutaten in einem Mixer. Füllen Sie die Marinade zusammen mit geschnittenem Rindfleisch oder Wild in eine Plastiktüte (diese am besten in einen Metallbehälter legen, aus Sauberkeitsgründen). 24-36 Stunden im Kühlschrank einlegen, dabei gelegentlich durchmischen und etwa 15 Stunden bei 50°C trocknen.

WILD JERKY

750 g - 1 kg mageres Hirschfleisch ohne Knochen, teilweise gefroren
1/4 Tasse Soja-Sauce
1 TL Worcestershire-Sauce
1/4 TL Pfeffer aus der Mühle
1/4 TL Knoblauchpulver
1/4 TL Zwiebelpulver
1/4 TL Hickory Rauchsalz
1/4 Tasse fest verpackten braunen Zucker
1 kleine Flasche Liquid Smoke

Entfernen Sie alles Fett vom Fleisch und schneiden Sie es so dünn wie möglich. In einer Schüssel die restlichen Zutaten zusammenmischen und so lange umrühren, bis sie sich komplett aufgelöst haben. Das Fleisch hinzufügen und gut mischen. Bedecken Sie die Schüssel und kühlen Sie alles über Nacht. Schütteln Sie die überschüssige Flüssigkeit aus dem Fleisch und breiten Sie es in einer flachen Pfanne oder auf einem Backblech aus. Trocknen Sie das Fleisch mindestens 8 Stunden im Ofen bei 65 – 100 °C, bis es trocken und braun ist. Auskühlen lassen, aus der Pfanne nehmen und in einem Glas lagern.

CHINESE BEEF JERKY

1½ kg Flankensteak - oder London Broil
Marinade:
1/2 Tasse helle Sojasauce
4 1/2 EL Honig
4 1/2 EL Sherry (dry)
6 Knoblauchzehen, gehackt
1 1/2 EL Ingwer - frisch, fein gehackt
1 1/2 EL Sesamöl
1 1/2 EL roter Pfeffer - zerkleinert
1 Prise frisch gemahlener weißer Pfeffer

Das Fleisch der Länge nach halbieren und in hauchdünne Streifen, 3 – 5 cm breit und 10 cm lang schneiden. In eine flache Pfanne legen. Vermischen Sie die Zutaten für die Marinade und reiben Sie sie gründlich ins Fleisch. Breiten Sie das Fleisch auf Rosten aus und lassen Sie es bei kühler Raumtemperatur über Nacht trocknen (nicht im Kühlschrank). Ofen auf 120 °C vorheizen. Zwei große Backbleche mit Folie auslegen und jeweils ein Kuchengitter darauflegen. Legen Sie das Fleisch in einzelnen Schichten auf die Roste. Für 30 Minuten erhitzen. Temperatur auf 80 °C senken und Fleisch weitere 40 Minuten trocknen lassen (Fleisch sollte leicht gebräunt sein, aber nicht verbrannt). Lassen Sie das Fleisch weiterhin auf Rosten bei kühler Raumtemperatur über Nacht trocknen, bevor Sie es in Gläsern verpacken. Jerky kann für zusätzliches Aroma und Glanz leicht mit Sesamöl eingerieben werden. Rezept ergibt 36 Stück oder 10 Buffet-Portionen.

JIM'S JERKY

500 g Steak oder Braten
5 EL Sojasauce
3 EL Worcestershire-Sauce
2 EL brauner Zucker
1 TL Paprika
1/2 TL Pfeffer
1/2 TL Knoblauchpulver
1/2 TL Zwiebelpulver

Trennen Sie das Fleisch vom Fett und schneiden Sie es in ½ cm dicke Streifen. Mischen Sie die anderen Zutaten zusammen und legen Sie das Fleisch über Nacht in der Mischung ein. Backbleche mit Folie auslegen und das Fleisch in einzelnen Schichten ausbreiten. Für 8 oder mehr Stunden bei 100 °C trocknen lassen, dabei alle 2 Stunden wenden, danach auskühlen lassen und in einem dicht abgedeckten Glas oder in einer Plastiktüte versiegelt lagern. Andere Zutaten für die Marinade [optional]: 1/2 TL oder mehr Paprika-Sauce / 1/4 TL Cayenne / 1 TL Chilipulver / 1 EL oder mehr Liquid Smoke / 1 EL Petersilie / 1/2 TL Ingwer / 1/2 TL Piment

MARINIERTES BEEF JERKY

500 g Rindfleisch Ihrer Wahl; wenn nicht zart geschnitten in hauchdünne Scheiben schneiden lassen (etwa ½ cm dick)
1/2 TL Pfeffer
1 TL Zwiebelpulver
1/2 TL Knoblauchsalz
3 EL + 1 TL Sojasauce; helle kann verwendet werden
5 EL Worcestershire-Sauce

Schneiden Sie alles Fett aus dem Fleisch. Mischen Sie die anderen Zutaten zusammen. Legen Sie das Fleisch über Nacht in der Mischung ein. Aus der Marinade nehmen und Fleisch zwischen Handtüchern trocknen. Backblech mit Folie auslegen und Fleisch
darauf in einzelnen Schichten ausbreiten. Für 8 oder mehr Stunden bei 100° trocknen, nach 6 Stunden wenden. Auskühlen lassen und in einem dicht abgedeckten Glas oder Kunststoffbeutel lagern.

MIKROWELLEN JERKY

250 g getrimmtes Wildbret*
1/4 TL Salz
1/3 TL Knoblauchpulver
1 TL Accent
1/4 TL Schwarzer Pfeffer
1/4 Tasse Worcestershire Sauce
1/4 Tasse Sojasauce
1/4 Tasse Wasser
6 Tropfen Liquid Smoke

Trockenfleisch, Beef Jerky & Biltong einfach selber machen

Das Fleisch in weniger als ½ cm dicke Streifen schneiden (es ist einfacher, wenn es etwas eingefroren ist). Mischen Sie die Zutaten, und legen Sie sie zum Marinieren mit dem Fleisch über Nacht in den Kühlschrank. Anschließend die Fleischstreifen auf einen Mikrowellenrost legen. Stellen Sie die Mikrowelle für 4 bis 6 Minuten auf eine hohe Stufe. Nach 4 Minuten zusätzliche Zeit in 30-Sekunden-Schritten hinzufügen. Das Ziel ist ein trockenes Jerky mit ledriger Konsistenz und dunkelbrauner Farbe.

MODERNES JERKY

1 kg Rumpsteak (2 ½ cm dick)
1/2 Tasse Worcestershire-Sauce
1 TL Salz
Pfeffer nach Geschmack
2 EL Petersilie
1/4 TL Knoblauchpulver (optional)

Hinweis: Chili-Pulver, Barbequesalz, Paprika, Meerrettich, Zwiebelsalz oder Röstzwiebeln können auch für die Marinade verwendet werden. (Oder sämtliche anderen Zutaten, die Ihnen einfallen).

Steak in 1¼ cm breite Streifen schneiden und in einzelnen Schichten in einer Pfanne oder Auflaufform platzieren. Mischen Sie die anderen Zutaten und schütten Sie sie über das Fleisch. Über Nacht im Kühlschrank ruhen lassen. Holen Sie das Fleisch aus der Marinade und legen Sie es vorsichtig auf ein Backblech. Eine Stunde im 80° heißen Ofen trocknen lassen und dann die Temperatur auf 65° reduzieren. Lassen Sie die Streifen bei niedriger Temperatur im Ofen, bis das Fleisch trocken, aber geschmeidig ist (etwa 1-3 Stunden). Kühlen Sie das Jerky und lagern Sie es in dicht verschlossenen Behältern.

ORIGINALJERKY

Fleisch, in 1¼ cm dicke und 2½ cm breite Streifen geschnitten
Draht
Schnur

Reihen Sie die Fleischstreifen auf einem Stück Draht oder Schnur auf. In kochende Salzlösung (1 Tasse Salz, 4 L Wasser) eintauchen, bis das Fleisch seine rote Farbe verliert. Entfernen Sie das Fleisch aus dem Wasser und lassen Sie es abtropfen. Hängen Sie es in die Nähe eines Feuers, aber nicht nah genug, um das Fleisch zu braten. Sie können das Fleisch auch an der Luft oder in der Sonne trockne, dies nimmt aber sehr viel mehr Zeit in Anspruch (Tage oder Wochen) und das Fleisch muss vor Insekten geschützt sein.

OFEN JERKY # 2

1 Flankensteak
1 Gewürznelke
1/2 Tasse Honig
Pfeffer
4 EL Zitronensaft
1/2 Tasse Sojasauce
Salz

Legen Sie das Steak für ½ Stunde in den Gefrierschrank bis es fest ist. Quer zur Faser in etwa ½ cm dicke Streifen schneiden.

Mischen Sie die restlichen Zutaten und marinieren Sie die Steaksreifen für mindestens 2 Stunden. Die Scheiben auf ein Gitter in einer Pfanne legen und im Ofen bei 65 Grad für 12 Stunden trocknen oder so lang, bis es biegsam ist, aber nicht bricht.

JERKY IM KOPFKISSENBEZUG

500 g Hinterschinken (knochenfrei)
Salz und Pfeffer

Schneiden Sie die einzelnen Muskeln aus dem Fleisch, ebenso alles Fett und Bindegewebe. Schneiden Sie das Fleisch quer zur Faser in hauchdünne Streifen. Je dünner die Streifen sind, desto besser werden sie trocknen. Salzen und pfeffern Sie das Fleisch großzügig auf beiden Seiten, dabei mehr Pfeffer als Salz verwenden. Legen Sie die Fleischstreifen auf einen Kuchen- oder Ofenrost, sodass sie sich nicht überlappen. Stellen Sie das Gestell in den Ofen und erhitzen Sie es bei geringer Temperatur für 8 bis 10 Stunden, dabei alle 3 bis 4 Stunden wenden. Lagern Sie das Jerky in einem Kissenbezug. Lagern Sie es nicht in einer Plastiktüte, da das Fleisch atmen muss, und auch nicht in einer Papiertüte, da das Fleisch den Papiergeschmack annehmen kann.

GERÄUCHERTES HAMBURGER JERKY

1/2 Tasse Soja-Sauce; helle kann verwendet werden
1 EL Piment
4 EL Zucker
2 TL frischer Ingwer; gerieben
1 Knoblauchzehe; gehackt

Trockenfleisch, Beef Jerky & Biltong einfach selber machen

1 EL Liquid Smoke; Hickory oder Mesquite
1 kg Hackfleisch; möglichst mager

Pressen Sie das Hackfleisch in flache Streifen, 12 x 3 x ½ cm. Legen Sie zum Marinieren eine Schicht von Hamburger Streifen in eine Schüssel. Mischen Sie die Zutaten für die Marinade und gießen Sie sie über das Fleisch. Gut einweichen lassen. Wenden Sie das Fleisch und wiederholen Sie das Ganze. Fügen Sie weitere Schichten hinzu und marinieren Sie auch diese. Die restliche Marinade am Ende über das Fleisch gießen. Gut abdecken und im Kühlschrank 6 bis 12 Stunden lang ziehen lassen. Das Fleisch gelegentlich wenden. Im Dehydrator trocknen lassen. Während das Fleisch trocknet, überschüssiges Öl mit einem Küchentuch abtupfen.

GERÄUCHERTES TRUTHAHNJERKY

1/2 Tasse Soja-Sauce; helle kann verwendet werden
4 EL Zucker
2 TL frischer Ingwer; gerieben
1 Knoblauchzehe; gehackt
1 EL Liquid Smoke

1 kg gekochten Truthahn in hauchdünne Scheiben schneiden (Putenschenkel und -brust sind am besten). Die Zutaten für die Marinade in einer Schüssel mischen. Fleischscheiben in Marinade eintauchen und dann in Schichten in eine Schüssel oder Schale legen. Die restliche Marinade über das Fleisch gießen. Abdecken und im Kühlschrank für 6 bis 12 Stunden ziehen lassen. Das Fleisch gelegentlich wenden. Im Dehydrator trocknen lassen. Während das Fleisch trocknet, überschüssiges Öl mit einem Küchentuch abtupfen.

TUCKER ÜBERRASCHUNGS BEEF JERKY

1 Tasse Soja-Sauce
125 ml Mesquite Smoke (Hickory kann auch verwendet werden)
1/4 Tasse Wasser
1/4 Tasse Cayennepfeffer
1 – 1½ kg Rumpsteak

Beim Metzger 1 – 1½ kg Rumpsteak in dünne Scheiben schneiden lassen (etwa so dick wie Bacon). Sojasauce und Mesquite Smoke in einen Druckverschlussbeutel packen, Wasser und Pfeffer dazugeben. Beutel verschließen und für ein paar Stunden ruhen lassen. Schneiden Sie alles Fett aus dem Fleisch. Fügen Sie das Fleisch zu der Mischung hinzu. Lassen Sie es für 5 oder 10 Minuten ruhen (über Nacht geht auch), dann entfernen Sie die Fleischscheiben einzeln aus dem Beutel und lassen Sie sie im Dehydrator trocknen.

RITTER TRUTHAHNJERKY

500 g Pute, in dünne Scheiben geschnitten
2 EL Liquid Smoke
3 EL Sojasauce
10 Spritzer Tabasco-Sauce
1/3 Tasse Worcestershire-Sauce
1 1/2 TL Hickory Würzflüssigkeit
1 EL Zwiebelsalz

Alle Zutaten zu einer Marinade mischen. Fügen Sie die Fleischstreifen hinzu. Für 8-24 Stunden marinieren, je

Trockenfleisch, Beef Jerky & Biltong einfach selber machen

nachdem, wie geschmacksintensiv das Ergebnis sein soll. Nehmen Sie die Streifen aus der Marinade und tupfen Sie sie mit einem Handtuch ab, um überschüssige Flüssigkeit aufzunehmen. Im Dehydrator oder auf Rosten im Ofen trocknen bis das Jerky hart / knackig ist. Da die benötigte Zeit je nach Methode variiert, vertrauen Sie auf Ihr Urteil (12-36 Stunden). Fügen Sie für einen würzigeren Geschmack Tabasco hinzu.

Trockenfleisch, Beef Jerky & Biltong einfach selber machen

TROCKEN GERÄUCHERTES SÜDWEST-JERKY

1 TL Salz
1 TL Pfeffer
1/2 TL Cayennepfeffer
3 EL Chilipulver
2 TL Kreuzkümmel
2 Knoblauchzehen, gehackt
1 kg Steak, in dünne Scheiben geschnitten*

Alle Zutaten gründlich mischen. Dies ist eine Trockenmarinade, daher gibt es keine Flüssigkeit. Die Gewürzmischung über die Fleischscheiben streuen und mit den Händen in das Fleisch einmassieren. Zugedeckt über Nacht ziehen lassen. Im Ofen zunächst für 4 Stunden bei 65 °C trocknen, dann den Ofen auf 55 °C stellen und weitertrocknen (4-8 Std.). Das Jerky sollte hart, aber nicht spröde sein. Tupfen Sie das Fett mit Papiertüchern ab. *Für eine zähe Beschaffenheit, schneiden Sie das Fleisch mit der Faser, für eine zartere quer zur Faser.

FAKE-JERKY-STREIFEN

--- FLEISCH ---
500 g Hackfleisch
1 TL Knoblauchpulver
1 TL Salz
1/4 TL Schwarzer Pfeffer
1 TL Liquid Smoke
1 EL A1-Sauce
1/2 Tasse Quick Quaker Oats

Trockenfleisch, Beef Jerky & Biltong einfach selber machen

1 Eiweiß
--- SAUCE ---
2 EL A1-Sauce
2 EL Worcestershire Sauce
3 EL Ketchup
2 EL Pflanzenöl
1 TL Sojasauce
1 TL Liquid Smoke
2 EL Wasser

1. Verrühren Sie das Hackfleisch mit allen anderen Zutaten. In einer Küchenmaschine für eine Minute zerkleinern bis alles eine breiige Konsistenz hat.

2. Auf einem mit Mehl bestäubten Brett die Fleischmischung (auf beiden Seiten leicht mit Mehl bestäubt, damit sie nicht festklebt) mit einem ebenfalls bestäubten Nudelholz ausrollen, bis Sie ein etwa 20 x 30 cm großes Rechteck haben oder die Masse dünner als ½ cm ist.

3. Mit einem Pizzaschneider in 2 ½ cm breite und 20 cm lange Streifen schneiden und vorsichtig auf ein Kuchengitter legen.

4. Backofen auf 150 °C vorheizen, das Gitter in der Mitte des Ofens platzieren und ein zweites Blech eine Schiene darunter legen. Das niedrigere Blech mit Backpapier auslegen. Es dient als Auffangwanne für abtropfende Flüssigkeit.

5. Erhitzen Sie alles für 1 Stunde bei 150 °C.

6. Die Zutaten für die Sauce in einer flachen Schale zusammenmischen. Nehmen Sie die Fleischstreifen vom Blech,

rollen Sie sie in der Sauce und legen Sie sie wieder auf das Blech. Wenn alle Streifen mariniert sind, im Ofen bei erhöhter Temperatur (230 °C) für 15 Minuten trocknen lassen.

7. Nehmen Sie das Blech erneut aus dem Ofen und bestreichen Sie die Streifen erneut mit der Sauce, dann für weitere 15 Minuten im Ofen trocknen oder bis die Streifen an den Kanten fast verbrannt sind.

8. Nehmen Sie das Fleisch aus dem Ofen und bestreichen Sie es ein letztes Mal. Danach auf Raumtemperatur abkühlen lassen.

Trockenfleisch, Beef Jerky & Biltong einfach selber machen

WESTERN BARBECUE JERKY

1 TL Salz
3 EL Brauner Zucker
1/4 TL Pfeffer
1/3 Tasse Rotweinessig
1/8 TL Cayennepfeffer
1/3 Tasse Ketchup
1 TL Zwiebelpulver
500 g mageres Fleisch
1/2 TL Knoblauchpulver
1 TL Senfpulver

Fleisch in etwa ½ cm dicke Scheiben schneiden. Identische Scheiben verkürzen die Trocknungszeit, verwenden Sie am besten eine Schneidemaschine oder lassen Sie Ihren Metzger das Fleisch schneiden. Für mehr Zartheit quer zur Faser schneiden. Entfernen Sie überschüssiges Fett. In einer kleinen Schüssel alle Zutaten bis auf das Fleisch vermischen und gut verrühren. Legen Sie das Fleisch in 3 oder 4 Schichten in einen Glas-, Stein-, Kunststoff- oder Edelstahlbehälter, dabei die Essig-Mischung auf jeder Schicht verteilen. Gut abdecken. 6 bis 12 Stunden im Kühlschrank einlegen, dabei gelegentlich umrühren und alles gut bedeckt halten. Danach die Fleischstreifen auf Trockengitter legen. Die Streifen nicht überlappen lassen, um eine gute Luftzirkulation zu gewährleisten. Im Ofen zunächst 8-10 Stunden bei 60 bis 70 °C trocknen. Danach kann die Temperatur auf 55 °C bis zum Trockenende abgesenkt werden. Unter dem Gitter eine Aluminiumfolie oder Backpapier zum Auffangen von Flüssigkeit platzieren. Gelegentlich das Jerky mit Papiertüchern abtupfen, um Öl zu entfernen. Um zu testen ob das Jerky trocken genug ist, ein Stück abkühlen lassen. Nach dem Abkühlen sollte es beim Biegen knacken, aber nicht brechen. Es sollten keine feuchten Stellen mehr existieren.

DELUXE CAMPING CHILI MIT JERKY

200 g Jerky
3 EL Öl
1 TL Kreuzkümmel, ganze Körner
4 EL Chilipulver
1 TL Zwiebelflocken
1 TL Oregano
1/2 TL Kümmel (pulverisiert)
1/4 TL Knoblauchpulver
Wasser nach Bedarf
Mehl für die Verdickung

Schneiden Sie das Jerky in kleine, mundgerechte Stücke – denken Sie daran, dass sie beim Kochen anschwellen werden. Jerky und Kümmel in mäßig heißem Fett/Öl für 1-2 Minuten in einem schweren Topf köcheln lassen, dabei ständig rühren, um zu verhindern, dass es anbrennt. Chilipulver hinzufügen und weiter rühren, bis alles gut vermischt ist (Die Menge des Chilipulvers hängt einerseits davon ab, wie scharf das Jerky ist, andererseits von Ihrem Geschmack.). Zwiebelflocken, Oregano, Kreuzkümmelpulver, Knoblauchpulver und ausreichend Wasser, um alles großzügig zu bedecken, hinzufügen. Umrühren. Unter regelmäßiger (das Jerky nimmt das Wasser auf) Wasserzugabe 1-2 Stunden köcheln lassen. Lassen Sie das Chili abkühlen und erwärmen Sie es vor dem Servieren erneut kurz. Wenn sie eine festere Konsistenz wünschen, ein wenig Mehl hinzufügen und unter häufigem

Rühren bis zur gewünschten Konsistenz kochen.

DELUXE CAMPING CHILI MIT JERKY

200 g Jerky
3 EL Öl
1 TL Kreuzkümmel, ganze Körner
4 EL Chilipulver
1 TL Zwiebelflocken
1 TL Oregano
1/2 TL Kümmel (pulverisiert)
1/4 TL Knoblauchpulver
Wasser nach Bedarf
Mehl für die Verdickung

Schneiden Sie das Jerky in kleine, mundgerechte Stücke –
denken Sie daran, dass sie beim Kochen anschwellen werden.
Jerky und Kümmel in mäßig heißem Fett/Öl für 1-2 Minuten in
einem schweren Topf köcheln lassen, dabei ständig rühren,
um zu verhindern, dass es anbrennt. Chilipulver hinzufügen
und weiter rühren, bis alles gut vermischt ist (Die Menge des
Chilipulvers hängt einerseits davon ab, wie scharf das Jerky ist,
andererseits von Ihrem Geschmack.). Zwiebelflocken,
Oregano, Kreuzkümmelpulver, Knoblauchpulver und
ausreichend Wasser, um alles großzügig zu bedecken,
hinzufügen. Umrühren. Unter regelmäßiger (das Jerky nimmt
das Wasser auf) Wasserzugabe 1-2 Stunden köcheln lassen.
Lassen Sie das Chili abkühlen und erwärmen Sie es vor dem
Servieren erneut kurz. Wenn sie eine festere Konsistenz
wünschen, ein wenig Mehl hinzufügen und unter häufigem
Rühren bis zur gewünschten Konsistenz kochen.

BARBECUE BEEF JERKY

1½ kg mageres Rindfleisch (Flanke; Rumpf, Lende oder Spitze)
1 Tasse Ketchup
1/2 Tasse Rotweinessig
1/4 Tasse Brauner Zucker
2 EL Worchestershire-Sauce
2 TL Senfpulver
1 TL Zwiebelpulver
1 TL Salz
1/4 TL geschroteter Pfeffer
Spritzer Hot Pepper-Sauce

Rindfleisch in ca. 1 cm dicke Streifen schneiden. Mischen Sie
alle Zutaten für die Marinade in einer gläsernen Auflaufform.
Fügen Sie die Rindfleischstreifen hinzu, bedecken Sie sie und
lassen sie über Nacht im Kühlschrank ruhen. Abtropfen lassen
und in einem elektrischen Dehydrator bei 55 °C trocknen, bis
sie biegsam sind. In Einmachgläsern, lebensmittelechten
Plastiktüten oder Kunststoffdosen lagern.

Trockenfleisch, Beef Jerky & Biltong einfach selber machen

LAURIES JERKY

1/3 Tasse Liquid Smoke
1/3 Tasse Soja-Sauce
4 EL Worcestershire-Sauce
1/2 TL Pfeffer
1/2 TL Knoblauchsalz
1 TL Accent

Zutaten über geschnittenes Rindfleisch (500 g) gießen.
Mindestens 2 Stunden einlegen. Abtropfen lassen und dann
trocknen.

TOFU JERKY

1/2 Tasse Soja-Sauce
3-4 EL Liquid Smoke
1/8 Tasse Wasser
1 EL Zwiebelpulver
1 TL Knoblauchpulver oder
1 frische Knoblauchzehe, zerkleinert
1 EL frisch gemahlener schwarzer Pfeffer
1 TL Honig
500 g festen oder extra festen Tofu

Schneiden und trocknen Sie den Tofu. Am besten einen Würfel
nehmen, diesen halbieren und dann auf der kurzen Seite in
Streifen (etwa 4-5 mm dick) schneiden. Mischen Sie alle
Zutaten für die Marinade. Breiten Sie den Tofu in einer
einzigen Schicht auf einer flachen Backform oder einem
Backblech aus und gießen Sie die Marinade darüber. Mehrere
Stunden lang oder über Nacht einwirken lassen. Die

überschüssige Flüssigkeit abtropfen lassen (und wieder verwenden!). Tofu für 4-8 Stunden im Dehydrator oder warmen Ofen (100 °C) trocknen. Sie können den Tofu auch in der Sonne oder bei Raumtemperatur drinnen trocknen, dies dauert 24 Stunden. Wenn Sie es im Ofen trocknen, müssen Sie den Tofu alle paar Stunden wenden, damit er gleichmäßig trocknet. Das Ergebnis sollte zäh, aber nicht knusprig sein. Das Jerky hält sich eine unbestimmte Zeit. Seien Sie bei der Wahl der Zutaten kreativ: Verwenden Sie salzarmes Soja, wenn es nicht so salzig sein soll oder Tabasco/Cayennepfeffer für mehr Schärfe. Chilipulver ergibt Chili Jerky, Oregano und Basilikum Pizza Jerky.

CARNE SECA

1¼ - 1½ kg rohes Jerky Fleisch
2 TL gemahlener Oregano
2 TL Salz
3/4 Tasse Essig
2 große Zwiebeln, fein gehackt
2 Knoblauchzehen, zerstoßen
1/2 TL schwarzer Pfeffer
1 TL Liquid Smoke

Alle Zutaten zu einer Marinade vermischen und Fleisch darin 24 Stunden ziehen lassen. Nehmen Sie das Fleisch aus der Marinade und trocknen Sie es im Ofen oder Räucherofen bei etwa 65-100 °C für 7-8 Stunden. Es ist fertig, wenn das Fleisch braun geworden ist und sich hart und trocken anfühlt.

Trockenfleisch, Beef Jerky & Biltong einfach selber machen

MARINIERTES GEWÜRZJERKY - THAI STYLE

4 kg Rindfleisch oder Rump-/Flankensteak vom Karibu
Brühe:
1 Tasse Rinderbrühe
4 EL Frischer Limettensaft
4 EL Nam pla (Fisch-Sauce)
4 TL Zucker
1/2 Tasse lose verpackte Minze*
1/2 Tasse dünn geschnittene Schalotten
4 Frühlingszwiebeln, der Länge nach halbiert und in 1/4 Zoll-
Stücke geschnitten
2 frische scharfe Chilis, entkernt und fein gehackt
Marinade:
Brühe [oben] sowie
4 TL Pfeffer
1 TL Cayennepfeffer [optional]
4 TL Liquid Smoke
1/2 Tasse Soja-Sauce

* nach Wunsch auch Basilikum oder Korianderzweige.

Trennen Sie das Fleisch vom Fett und schneiden Sie es gegen
die Faser in etwa ½ cm dicke Streifen. [Fleisch lässt sich
leichter und gleichmäßiger schneiden, wenn es teilweise
eingefroren ist].
In einem Topf die Rinderbrühe, den Limettensaft, die
Fischsauce und den Zucker vermischen und bei starker Hitze
zum Kochen bringen. Fügen Sie Minze, Schalotten,
Frühlingszwiebeln und Chili hinzu. Abkühlen lassen und
abseihen. Mischen Sie die Brühe und die anderen Zutaten in
einer Schüssel. Das Fleisch hinzufügen und bedecken oder

zusammen mit der Marinade in einen verschließbaren Plastikbeutel geben. Über Nacht ziehen lassen. Das Fleisch gelegentlich wenden, um sicherzustellen, dass alle Teile gut von der Marinade bedeckt sind. Aus der Marinade nehmen und auf einem Gestell trocknen lassen. Zum Trocknen das Fleisch in einzelnen Schichten auf ein mit Folie ausgelegtes Backblech legen oder auf einem Rost ausbreiten. Hierbei darauf achten, dass unten im Ofen ein Backblech mit Folie ausgelegt ist, um tropfende Flüssigkeit aufzufangen. Für 6 oder mehr Stunden bei 80 °C im Ofen oder auf einem Gitter in einer flachen Pfanne trocknen lassen, nach 3 Stunden wenden. Weiterhin im warmen Ofen trocknen, wenn nötig. Gasöfen mit Sparflamme funktionieren besonders gut. Auskühlen lassen und lagern.

MARINIERTES GEWÜRZJERKY

4 kg Rindfleisch oder Rump-/Flankensteak vom Karibu
6 TL Salz
4 TL Pfeffer
4 TL Chilipulver
4 TL Knoblauchpulver
4 TL Zwiebelpulver
2 TL Cayennepfeffer
2 TL Liquid Smoke
1 Tasse Wasser
3/4 Tasse Soja-Sauce
1/2 Tasse Worcestershire-Sauce

Entfernen Sie sämtliches Fett vom Fleisch und schneiden Sie es in etwa ½ cm dicke Streifen. Mischen Sie die anderen Zutaten in einer Schüssel. Fügen Sie das Fleisch hinzu und decken Sie es ab. Über Nacht ziehen lassen. Aus der Marinade nehmen und auf einem Rost trocknen lassen. Ein Backblech mit Folie auslegen und das Fleisch in einer einzelnen Schicht darauf legen. Für 6 oder mehr Stunden bei 80 °C trocknen, nach 3 Stunden wenden. Auskühlen lassen und einlagern.

WESTERN JERKY

4 TL Salz
1 TL Pfeffer
1 TL Chilipulver
1 TL Knoblauchpulver
1 TL Zwiebelpulver
1/4 TL Cayennepfeffer
3 Spritzer Liquid Smoke
1/2 Tasse Wasser
1 kg Rump-, Flankensteak oder anderes geschnittenes Fleisch

Die Zutaten für die Marinade in einer Schüssel vermischen. Fleischscheiben darin eintauchen und danach in Schichten in einer Schüssel oder Schale ausbreiten. Restliche Marinade über das Fleisch gießen. Streifen abdecken und im Kühlschrank 6 bis 12 Stunden lang ziehen lassen. Dabei gelegentlich wenden. In einem Dehydrator vollständig trocknen. Während das Fleisch trocknet, überschüssiges Öl mit einem Küchentuch entfernen. Ergibt 250 g Jerky.

JERKY HAWAII

500 g mageres Fleisch, in dünne Scheiben geschnitten
1 TL Salz
1 TL gemahlener Ingwer

Trockenfleisch, Beef Jerky & Biltong einfach selber machen

1 EL Brauner Zucker
1/4 TL Pfeffer
1/8 TL Cayennepfeffer
1 gepresste Knoblauchzehe
1/4 Tasse Ananassaft
1/4 Tasse Sojasauce

Allgemeines Verfahren, um Jerky herzustellen: In allen Rezepten werden 500 g mageres Fleisch verwendet, in dünne Scheiben geschnitten (5-6 mm dick). In einer kleinen Glasschüssel alle Zutaten bis auf das Fleisch mischen und verrühren. Das Fleisch in 3-4 Schichten in einen Behälter legen und die Marinade über jede Schicht gießen. Abdecken und 6-12 Stunden im Kühlschrank ziehen lassen, dabei gelegentlich umrühren und das Fleisch bedeckt halten. Auf Blechen auslegen und 24 bis 36 Stunden im Dehydrator trocknen. Wenn man statt des puren Saftes ein paar Dosen Ananasstücke (mit Saft) zum Fleisch gibt und die Stücke mitdehydriert, gibt es ein interessantes Ergebnis.

JERKY À LA WILLIE

1/2 Tasse natriumarme Sojasauce
1/3 Tasse Worcestershire-Sauce
2 EL Liquid Mesquite Smoke*
1 1/4 TL Zwiebelpulver
1 1/4 TL Knoblauchpulver
2 1/2 TL Pfeffer
2 EL brauner Zucker
Bis zu 1 ½ kg mageres Fleisch **
*anstelle eines Räucherofens nutzen ** Rindfleisch, Hirsch, Elch o.ä.

Trockenfleisch, Beef Jerky & Biltong einfach selber machen

Bis auf das Fleisch alle Zutaten zu einer Marinade verrühren. Schneiden Sie das Fleisch in dünne Scheiben (1 cm dick) und legen Sie es für 12 bis 24 Stunden ein (je länger, desto besser). Mit Mesquite Chips für etwa drei Stunden räuchern und dann im Ofen fertig trocknen. Wenn Sie keinen Räucherofen haben, nutzen Sie Liquid Smoke und hängen Sie die Fleischstreifen an den höchsten Rost und legen Sie eine flache Pfanne als Abtropfblech darunter. Schalten Sie Backofen auf die niedrigste Einstellung und lassen Sie das Fleisch für 6 bis 8 Stunden gründlich trocknen.

WILD JERKY

1/2 TL Salz
1/3 TL Knoblauchpulver
1/2 TL Schwarzer Pfeffer
1 TL Accent
1 TL Zwiebelpulver
1/4 Tasse Worcestershire-Sauce
1/4 Tasse Soja-Sauce

Marinade reicht für 750 g Wild. Das Fleisch mit der Faser in weniger als ½ cm dünne Streifen in die gewünschte Länge schneiden (halbgefrorenes Fleisch lässt sich leichter schneiden). Mit der oben genannten Marinade bedecken und über Nacht ziehen lassen. In einer einzelnen Schicht auf einem Ofenrost ausbreiten, mit einer Folie als Abtropfblech darunter. Die Ofentür leicht geöffnet lassen und bei der niedrigsten Temperatur 6-8 Stunden lang trocknen. Kann sofort gegessen werden. Wird im kalten Zustand trockener. Rezept funktioniert auch mit sehr magerem Rindfleisch.

WILD JERKY 2

1½ kg mageres Wildbret
1 EL Salz
1 TL Knoblauchpulver
1/2 TL Schwarzer Pfeffer
1/3 Tasse Worcestershire-Sauce
1/4 Tasse Sojasauce
1 EL Senf

Schneiden Sie das Wild in 1 cm breite und etwa ½ cm dicke Streifen. Mischen Sie alle anderen Zutaten und gießen Sie sie über das Fleisch. Über Nacht ziehen lassen. Das Fleisch aus der Marinade nehmen und mit Küchenpapier trocknen. In den Ofen legen. In einem Gasofen reicht die Sparflamme, das Jerky 4 Tage lang trocknen lassen. In einem elektrischen Ofen das Fleisch so lange bei 100° trocknen lassen, bis es sich trocken anfühlt. Rezept funktioniert auch mit sehr magerem Rindfleisch (z. B. Flankensteak).

WILD JERKY 3

1 kg Geschnetzeltes vom Hirsch, weniger als ½ cm dick
2 EL Worcestershire-Sauce
2 EL Sojasauce
1 EL Salz
1 TL Paprikapulver
2 Knoblauchzehen, in Scheiben geschnitten
1 Tasse Whisky
1 Tasse Wasser

Trockenfleisch, Beef Jerky & Biltong einfach selber machen

Das Fleisch leicht einfrieren und dann mit der Faser in lange und dünne Streifen schneiden. Wenn Sie eine zartere Konsistenz wünschen, schneiden Sie quer zur Faser, dies macht das Jerky aber spröder. Entfernen Sie das gesamte Fett. Legen Sie die Streifen über Nacht in einem Glasbehälter ein. Sie können auch 2 Tassen Rotwein statt Whisky und Wasser verwenden. Trocken tupfen und die Stücke nebeneinander auf einem Ofenblech anordnen, ohne dass sie überlappen. Bei kleinster Hitze (65 °C) für 6 Stunden trocknen. Die Ofentür angelehnt lassen, damit Feuchtigkeit entweichen kann. Fleisch sollte dunkel und trocken sein. In einem kühlen, luftdichten Behälter lagern.

CHINESISCHES JERKY

1 ½ kg Steak
3 Knoblauchzehen, fein gehackt
1 EL Ingwer, frisch, fein gehackt
2 EL Sesamöl
1/2 Tasse Sojasauce
2 TL Paprika, getrocknet, zerkleinert
1 EL Honig
1/2 TL weißer Pfeffer
4 EL Sherry, trocken

Das Fleisch diagonal in etwa ½ cm dicke und 5 cm breite Streifen schneiden. Entfernen Sie Fett oder Knorpel. In eine nicht-metallene Pfanne legen. Fügen Sie die anderen Zutaten hinzu und lassen Sie alles 24 Stunden ziehen. Das Fleisch auf Rosten ausbreiten und bei kühler Raumtemperatur über Nacht trocknen lassen (nicht im Kühlschrank). Ofen auf 110 °C vorheizen. Zwei große Backbleche mit Folie auslegen und die

Roste darauflegen. Das Fleisch in Einzelschichten auf den Rosten anordnen. 15 Minuten erhitzen. Temperatur auf 80 °C reduzieren und Fleisch noch 4 Stunden oder länger trocknen lassen. Lassen Sie das Fleisch auf den Rosten abkühlen und mehrere Stunden weitertrocknen, bevor Sie es einlagern.

HOME STYLE JERKY

500 g Rumpsteak, in Streifen geschnitten (10 cm lang, weniger als ½ cm dünn)
1/4 Tasse Sojasauce*
1 EL Worcestershire Sauce
1/2 TL Zwiebelpulver
1/2 TL Knoblauchpulver
1/2 TL Schwarzer Pfeffer
3/4 TL Hot Sauce
1/2 TL Hickorysalz

*Für ein weniger salziges Jerky stattdessen natriumarme Sojasauce verwenden.

Rumpsteak in ca. 10 cm lange und weniger als ½ cm dicke Streifen schneiden (Das Schneiden ist einfacher, wenn das Steak teilweise gefroren ist.). Alle anderen Zutaten vermischen, und das Fleisch im Kühlschrank mindestens 8 Stunden lang marinieren, dabei gelegentlich umrühren. Dann die marinierten Streifen auf Bambus-Stäben oder Zahnstocher aufspießen und in den Ofen hängen, mit einer Pfanne als Abtropfblech darunter. Stellen Sie den Ofen auf die niedrigste Einstellung (40-65 °C) und lassen Sie die Tür leicht offen. Das Jerky sollte nach 8-10 Stunden trocken sein.

Trockenfleisch, Beef Jerky & Biltong einfach selber machen

GEPÖKELTES JERKY

2 ½ kg mageres Fleisch
1 Tasse Pökelsalz
1/2 Tasse brauner Zucker oder Melasse
1 TL Knoblauch, flüssig
4 EL schwarzer Pfeffer
2 ¼ L Wasser

Entfernen Sie Fett und Haut vom Fleisch. Mischen Sie die restlichen Zutaten zusammen. Legen Sie das Fleisch in der Lösung für 8 bis 10 Stunden ein (Einpökeln). Fleisch herausnehmen und gut abspülen. Mit Küchenpapier trocken tupfen, um überschüssige Feuchtigkeit zu entfernen. An der Luft für etwa eine Stunde trocknen lassen. Dann die Gewürze Ihrer Wahl einreiben, z.B. Zwiebelsalz, Knoblauchsalz, Pfeffer oder eine vorbereitete Würzmischung aus der Gewürzabteilung im Geschäft. Fleisch 8 bis 12 Stunden lang räuchern, oder so lang, bis es fertig ist. Testen Sie das Fleisch, indem Sie einen Streifen abreißen. Dieser sollte flexibel, aber steif wie ein Stück Seil sein. Aus dem Räucherofen nehmen und abkühlen lassen.

ZWIEBEL-HACK BEEF JERKY

50 g Zwiebeltütensuppe
1/4 Tasse Wasser
1/4 Tasse Soja-Sauce
1 TL Knoblauch; gehackt
1 TL Pökelsalz
Getrocknete Kräuter oder Aroma nach Wahl
750 g sehr mageres Rindfleisch

In einer Schüssel Zwiebelsuppenpulver und Wasser zusammenmischen. 10 Minuten lang ruhen lassen. Die restlichen Zutaten, einschließlich des Rindfleischs hinzufügen und durchmischen. Für mindestens 2 Stunden ziehen lassen. Für einen stärkeren Geschmack, bedecken und für 8 bis 12 Stunden im Kühlschrank ziehen lassen.
Nutzen Sie eine Burgerpresse oder formen Sie das Fleisch zu 2,5 - 5 cm großen Bällchen. Legen sie jedes Trockenblech mit einem festen Bogen Leder aus und platzieren Sie ein Gitter darauf. Die Fleischbällchen auf dem Gitter anordnen. Bei 60 °C oder mehr trocknen, bis es hart ist (6 bis 10 Stunden). Bei einigen Dehydratoren müssen Sie die Bällchen drehen, um eine gleichmäßige Trocknung zu gewährleisten.
Überschüssiges Fett mit einem sauberen, nicht eingefärbten Papiertuch oder Küchentuch abtupfen. Jedes kg Fleisch ergibt etwa 250 g Jerky.

WILD JERKY 4

1 ½ kg mageres Wildbret
1 EL Salz
1 TL Zwiebelpulver
1 TL Knoblauchpulver
1 1/2 TL Pfeffer
1/3 Tasse Worcestershire-Sauce
1/4 Tasse Sojasauce

Schneiden Sie das Wild in ½ - 1 cm dicke Streifen. Mischen Sie die anderen Zutaten zusammen und legen Sie die Fleischstreifen darin über Nacht im Kühlschrank ein. Marinade abgießen und die Streifen mit einem Handtuch trocken tupfen. Im Ofen räuchern, bis die richtige Konsistenz erreicht ist. Verwenden nur zwei oder drei Pfannen Räucherchips. In einem abgedeckten Glas oder in Plastiktüten lagern.

WILD JERKY

Hirsch, in weniger als ½ cm dicke Scheiben geschnitten
2 EL Hickory Rauchsalz
1 EL Knoblauchsalz
2 EL Mononatriumglutamat
4 EL Gewürzpfeffer
2/3 Tasse Sojasauce
1/3 Tasse Worcestersauce, geräuchert
Tabasco nach Geschmack

Fleisch mit Trockenmischung auf beiden Seiten bestreuen. Hängen Sie es an einen Ofenrost (die Streifen sollen sich nicht berühren), während der Ofen auf 100 °C vorheizt. Bei geöffneter Ofentür trocknen. Nach einer Stunde mit Sauce begießen und jede halbe Stunde für die restlichen zwei Stunden wiederholen (bei 100°). Danach Temperatur auf 80° reduzieren und Fleisch weitere 45 bis 90 Minuten trocknen lassen.

WILDJERKY MARINADE

1 ½ kgWild, in dünne Scheiben geschnitten
3/4 Tasse Wein, trocken
1/3 Tasse Zitronensaft
1/4 Tasse Zwiebel, fein gehackt
1/4 Tasse brauner Zucker
2 TL Liquid Smoke

1 TL Gewürzsalz
1/4 TL Pfeffer
3 Lorbeerblätter

Hirschfleisch bedeckt im Kühlschrank für 24 Stunden in der Marinade einlegen. Das Fleisch mehrmals wenden. Nehmen Sie das Fleisch aus der Marinade und breiten Sie es aus, um es auf Raumtemperatur zu bringen. Auf gefetteten Blechen in einem Räucherofen platzieren und bei schwacher Hitze (70 bis 90 Grad) für 5 bis 7 Stunden räuchern, bis das Fleisch leicht durchscheinend und dunkelrot/fast schwarz wird. In Plastiktüten im Kühlschrank lagern.

WILD JERKY 5

2 kg Wildbret
1 Tasse Barbecue-Sauce
2 EL Liquid Smoke
1 TL Chilipulver
1 EL Worcestershire-Sauce
wenige Körner Cayennepfeffer

Frieren Sie das Wild ein, bis es fest genug ist, um es leicht schneiden zu können. Mit einem scharfen Messer oder einer Schneidemaschine in weniger als ½ cm dicke Scheiben schneiden und diese dann in etwa 4 cm Zoll breite Streifen schneiden. Breiten Sie die Hirschstreifen in Reihen in einer flachen Backform aus. Verrühren Sie die restlichen Zutaten miteinander und gießen Sie sie über das Fleisch. Marinieren Sie alles über Nacht im Kühlschrank. Gut abtropfen lassen.

Dehydrator: Streifen ohne zu überlappen auf Blechen

auslegen. 4 Stunden bei 60 °C trocknen. Streifen wenden und Blech drehen. Für weitere 6 bis 8 Stunden trocknen. Fertiges Jerky sollte dunkel und faserig aussehen sowie spröde genug sein, dass es beim Biegen splittert.

Sonne: Jerky an der Sonne zu trocknen ist in den meisten Klimazonen nicht empfohlen.

Ofen: Die Fleischstreifen reihenweise auf Blechen anordnen und darauf achten, dass sie nicht überlappen. Bei 45 °C trocknen, bis die Streifen beim Biegen an den Kanten splittern (18-24 Stunden).

RIND ODER WILD JERKY

4 kg Wild/Rinderbraten
1 EL Salz
1/4 TL schwarzer Pfeffer
1 TL weißer Pfeffer
1/2 TL roter Pfeffer
2 EL Gewürzsalz
2 TL Accent
1 TL Knoblauchpulver
1 EL Kräutermischung
2 EL Pökelsalz
1/3 Tasse Worcestershire-Sauce
1/3 Tasse Sojasauce
1/3 Tasse Barbecue-Sauce
1/3 Tasse Liquid Smoke

Das Fleisch in dünne Scheiben schneiden. Es lässt sich leichter und gleichmäßiger schneiden, wenn es teilweise gefroren ist.

Trockenfleisch, Beef Jerky & Biltong einfach selber machen

Mischen Sie die restlichen Zutaten und marinieren Sie das Fleisch darin für 24 Stunden in einem verschließbaren Plastikbeutel. Das Fleisch direkt auf Ofengittern platzieren, Ofenunterseite mit Folie auslegen oder ein Blech mit Folie als Auffangwanne darunterstellen und im Ofen für 6-8 Stunden bei niedrigster Einstellung trocknen.

Wenn nötig, weiterhin in warmen Ofen trocknen. In Backöfen mit Sparflamme funktioniert es besonders gut.

JERKY

Fleisch (Rind, Hirsch, etc.)
Sojasoße
Brauner Zucker
Speiseöl
2 EL grob gemahlener schwarzer Pfeffer
2 EL Knoblauchpulver
2 EL Lawry's Gewürzsalz
2 EL Gebhardt Chilipulver

Das Fleisch in 4 x ½ x 13 cm-Streifen schneiden. Die Sojasoße, 1 EL braunen Zucker und 1 EL Öl mischen und das Fleisch darin für 2 bis 4 Stunden einweichen lassen. Trocken tupfen. Die Gewürze vermischen. Ein Backblech mit Folie abdecken, das Fleisch in einer einzelnen Schicht darauf legen und die Gewürzmischung darüber streuen. Falten Sie die Folienkanten, damit die Mischung auf dem Fleisch bleibt. Bei 60-80 °C für 5 bis 8 Stunden trocknen. Lagern Sie das Jerky im offenen Behälter bei Raumtemperatur. Nicht im Kühlschrank lagern.

THEADAS BEEF JERKY

2 ¼ L Wasser
2 Tassen Salz
1 Tasse Essig
2 EL Pfeffer

Das Fleisch in ½ cm dicke Streifen (oder so dünn wie möglich) schneiden. Entfernen Sie das Fett und kochen Sie das Fleisch etwa 6 Minuten lang. Die Feuchtigkeit aus dem Fleisch wälzen. Auf einem Backblech in der Mitte des Ofens 1 1/2 bis 2 Stunden bei 100 °C trocknen. Dabei die Ofentür leicht offen lassen, damit Feuchtigkeit entweichen kann. Mit Liquid Smoke und A-1-Sauce bedecken. Im luftdicht verschlossenen Gefäß lagern.

JERKY STEW

500 g Jerky aus Rindfleisch oder Büffel
1 Tasse Maismehl, über Nacht in reichlich Wasser eingeweicht
1 große gelbe Zwiebel, geschält/gehackt
500 g Kartoffeln *, ungeschält/gewürfelt
Salz und Pfeffer nach Geschmack

*Indianer würden Präriekartoffeln verwenden - Pfeilspitze (Sagittaria latifolia).

Brechen Sie das Jerky in 2 ½-cm-Stücke und geben Sie es in einen schweren Topf mit Deckel. Fügen Sie das Maismehl und die Zwiebel hinzu. Mit Wasser bedecken und zum Kochen bringen. Abgedeckt ca. 2 Stunden köcheln lassen, bis der Maisbrei zart ist. Sie müssen dies genau beobachten, da beim

Köcheln mehr Wasser hinzugefügt werden muss. Fügen Sie die Kartoffeln dazu und lassen Sie es weitere 20 Minuten kochen. Mit Salz und Pfeffer würzen.

BLUE RIBBON JERKY

1/2 Tasse dunkle Sojasauce
2 EL Worcestershire-Sauce
1 TL Mononatriumglutamat (optional)
1/2 TL Zwiebelpulver
1/2 TL Knoblauchpulver
1/4 TL Ingwerpulver
1/4 TL chinesisches Fünf-Gewürze-Pulver
1 ½ kg magere Rinderbrust, Kalbseemerrolle oder Flankensteak

Befreien Sie das Fleisch vollständig vom Fett und schneiden Sie es gegen die Faser in weniger als ½ cm dicke Scheiben. Um das Fleisch leichter in dünne Scheiben schneiden zu können, frieren Sie es ein, bis sich Eiskristalle gebildet haben.
Alle Zutaten außer dem Fleisch in eine kleine Schüssel geben. Tauchen Sie jede Scheibe Fleisch in die Marinade und bedecken Sie es gut. In eine flache Schale legen. Die restliche Marinade darüber gießen und zugedeckt im Kühlschrank über Nacht ruhen lassen.
Im Ofen: Ofen auf niedrigste Einstellung vorheizen (vorzugsweise 45 °C). Legen Sie Backbleche mit mehreren Schichten von Papiertüchern aus. Das Fleisch in einzelnen Schichten auf den vorbereiteten Blechen ausbreiten und mit zusätzlichen Tüchern abdecken. Fleisch mit einem Nudelholz platt drücken. Entsorgen Sie die Papiertücher und legen Sie das Fleisch direkt auf die Bleche, 8 bis 12 Stunden lang

trocknen lassen (je nach Temperatur des Ofens).
Im Dehydrator: Legen Sie das Fleisch in einzelnen Schichten auf die Bleche und trocknen Sie es 10 bis 12 Stunden lang, je nach Dicke.
Jerky in Plastiktüten oder in dicht abgedeckten Behältern an einem kühlen, trockenen Ort lagern.

MARINADE FÜR BEEF JERKY

2 EL Sojasauce
1/4 TL Salz
2 Spritzer Tabasco oder nach Geschmack
1 Knoblauchzehe, zerkleinert

Schneiden Sie das Fleisch so dünn wie möglich quer zur Faser. Mischen Sie die Zutaten für die Marinade und lassen Sie das Fleisch in der Mischung im Kühlschrank für mindestens 24 Stunden ziehen.

WARRIOR'S MARK JERKY

1 ½ kg mageres Hirschsteak oder Rindersteak, in dünne Scheiben geschnitten
1/2 Tasse Zitronensaft
1/4 Tasse Zwiebel, abgetropft
1/4 Tasse brauner Zucker
2 TL Liquid Smoke
1 EL Gewürzsalz
1/4 TL Pfeffer aus der Mühle
3 Lorbeerblätter, in Stücke gebrochen

Legen Sie die Fleischstreifen in einen flachen Glasbehälter.

Übrige Zutaten miteinander verrühren und über die Fleischstreifen gießen. Bedecken und über Nacht im Kühlschrank ziehen lassen. Streifen auf Papiertüchern trocknen und die restliche Marinade aus dem Fleisch massieren. Auf Rosten ausbreiten und bei 65 °C im Ofen für mindestens 12 Stunden trocknen lassen. Während des Trocknens einmal wenden. Die Ofentür sollte angelehnt sein, damit die Feuchtigkeit entweichen kann.

TERIYAKI BEEF JERKY

1/3 Tasse brauner Zucker
1/4 Tasse Salz
2 Tassen Teriyaki-Sauce
1 Tasse Wasser
1 Tasse Burgunder oder anderen Rotwein
1/2 TL Zwiebelpulver
1/2 TL Pfeffer
1/2 TL Knoblauchpulver
1 Schuss Whisky (optional)
3 ½ kg Steak

Entfernen Sie sämtliches Fett vom Fleisch und schneiden Sie es mit der Faser in ungefähr ½ - 1 cm dicke Streifen. Über Nacht oder weniger als 8 Stunden lang marinieren. Aus der Marinade nehmen und Streifen an Kebab-Spieße hängen. Für 12 bis 16 Stunden räuchern, je nachdem wie trocken Sie das Jerky mögen. Verwenden Sie 3 Pfannen Hickory Kohle in frühen Stadien des Trockenzyklus'.

Trockenfleisch, Beef Jerky & Biltong einfach selber machen

PERFEKTE JERKY MARINADE

1 Tasse Sojasauce
1/2 Tasse Wasser
1/2 Tasse Essig
1/4 Tasse Balsamicoessig
1 TL Salz
2 EL grobe Pfefferkörner
1/2 Tasse Schwarzer Kaffee
2 TL Honig
1 Messerspitze Cayennepfeffer
1/4 TL Liquid Smoke
1 Spritzer Weißwein

Marinade reicht für bis zu 1 kg Fleisch.

BARBECUE JERKY

750 g Flanken- oder mageres Rumpsteak; ohne Fett und
Bindegewebe
1/2 Tasse Ketchup
1/3 Tasse Rotweinessig
1/4 Tasse Brauner Zucker; fest verpackt
1 1/2 TL Senf
1 1/2 TL Zwiebelpulver
1 TL Salz
1/2 TL Knoblauchpulver
1/4 TL roter Pfeffer (Cayenne)

Das Fleisch einfrieren, bis es fest, aber nicht zu hart ist; dann
in etwa ½ cm dicke Scheiben schneiden. In einer mittelgroßen
Glas-, Steinzeug-, Kunststoff- oder Edelstahl-Schüssel alle

anderen Zutaten vermischen. Umrühren, bis sich die Gewürze auflösen. Fügen Sie das Fleisch hinzu und mischen Sie alles, bis alle Oberflächen gründlich bedeckt sind. Streifen abdecken und im Kühlschrank für mindestens 6 Stunden oder bis zum nächsten Tag ziehen lassen, dabei gelegentlich umrühren; nach dem Rühren wieder gut bedecken. Trocknen lassen.

RIND ODER WILD JERKY

1/3 Tasse Zucker
1/4 Tasse Salz
2 Tassen Sojasauce
1 Tasse Wasser
1 Tasse Rotwein
1/2 TL Zwiebelpulver
1/2 TL Knoblauchpulver
1/2 TL Pfeffer
1/2 TL Tabasco

Trennen Sie das Fleisch vom Fett. Fleisch mit der Faser in etwa ½ - 1 cm dicke Scheiben schneiden. Die Fleischscheiben lassen sich gut schneiden, wenn sie halbgefroren sind oder lassen Sie das Fleisch alternativ einfach vom Metzger schneiden. Fleisch mindestens 8 Stunden lang über Nacht in der Marinade lassen. Aus der Marinade entfernen und an der Luft trocknen lassen, ohne es vorher abzuspülen. Im Räucherofen für 12 bis 16 Stunden räuchern oder so lang, bis das Jerky so trocken ist, wie Sie es wünschen. Verwenden Sie zum Räuchern Ihre Lieblingsrauchsorte.

Trockenfleisch, Beef Jerky & Biltong einfach selber machen

JERKY

Fleisch (Rind, Hirsch, etc.)
Sojasauce
Brauner Zucker
Speiseöl
2 EL grob gemahlener schwarzer Pfeffer
2 EL Knoblauchpulver
2 EL Lawry's Gewürzsalz
2 EL Gebhardt Chilipulver

Das Fleisch in 4 x ½ x 13 cm-Streifen schneiden. Die Sojasoße, 1 EL braunen Zucker und 1 EL Öl mischen und das Fleisch darin für 2 bis 4 Stunden einweichen lassen. Trocken tupfen. Die Gewürze vermischen. Ein Backblech mit Folie abdecken, das Fleisch in einer einzelnen Schicht darauf legen und die Gewürzmischung darüber streuen. Falten Sie die Folienkanten, damit die Mischung auf dem Fleisch bleibt. Bei 60-80 °C für 5 bis 8 Stunden trocknen. Lagern Sie das Jerky im offenen Behälter bei Raumtemperatur. Nicht im Kühlschrank lagern.

HONIG-ZITRONEN BEEF JERKY

1 Flankensteak
1 Knoblauchzehe, fein gehackt
1/2 Tasse Honig
1 Messerspitze Pfeffer
4 EL Zitronensaft
1/2 Tasse Sojasauce
1 Prise Salz

Das Steak etwa eine halbe Stunde lang einfrieren, bis es fest ist. Gegen die Faser in etwa ½ cm dicke Streifen schneiden. Mischen Sie die restlichen Zutaten und marinieren Sie die Steakstreifen darin für mindestens 2 Stunden. Die Streifen auf einem Gitter ausbreiten, dieses auf eine Pfanne legen und das Fleisch für 12 Stunden im Ofen bei 65 Grad trocknen.

HOME STYLE JERKY

500 g Rindfleisch; in Streifen geschnitten
1/4 Tasse Sojasauce
1 EL Worcestershire-Sauce
1/4 TL Hickorysalz
1/2 TL Zwiebelsalz
1/2 TL Knoblauchpulver
1 TL schwarzer Pfeffer
1 Spritzer Hot Sauce

Alle Zutaten zusammenmischen und das Fleisch darin im Kühlschrank mindestens 8 Stunden lang marinieren, gelegentlich umrühren. Dann die marinierten Streifen auf Bambus-Spießen (oder Zahnstochern) aufspießen und in den Ofen hängen, eine Pfanne als Auffangwanne darunter legen. Stellen Sie den Ofen auf die niedrigste Einstellung (40-65 °C) und lassen Sie die Tür leicht geöffnet. Das Jerky sollte nach 8-10 Stunden trocken sein.

Trockenfleisch, Beef Jerky & Biltong einfach selber machen

HAWAIIAN STYLE JERKY

1 kg Flankensteak
3/4 Tasse Sojasauce
2 EL Hawaiianisches Salz
1 1/2 EL Zucker
1 Knoblauchzehe; gehackt
1 Stück Ingwer; zerkleinert
1 rote Chilischote; zerkleinert (optional)

Rindfleisch in ca. 3-4 cm breite Streifen schneiden. Mischen
Sie alle anderen Zutaten und lassen Sie das Rindfleisch über
Nacht in der Marinade einweichen. Wenn Sie eine Trockenbox
haben, das Fleisch zwei Tage lang an der Sonne trocknen,
dabei nachts hineinbringen. Ansonsten den Ofen auf 80 °C
stellen. Das Fleisch auf einem Gestell, z.B. einem Kuchengitter
ausbreiten. Das Gestell auf ein Backblech stellen und das
Fleisch 7 Stunden lang trocknen. Im Kühlschrank lagern.

HAMBURGER JERKY

500 g sehr mageres Rindfleisch
1 EL Worcestershire-Sauce
1 TL Pökelsalz; (optional, enthält Nitrate und Zucker, oder
gleiche Menge Gewürzsalz)
1 Tropfen Cayennesauce

Kaufen Sie möglichst mageres Rindfleisch oder einen mageren
Braten und zerkleinern Sie ihn bzw. lassen Sie ihn zerkleinern.
Mischen Sie das Fleisch mit den restlichen Zutaten. Schneiden
Sie ein Stück Plastikfolie auf die Größe Ihres Trockengitters
zurecht. Das gewürzte Hackfleisch auf die Plastikfolie legen

und mit einem angefeuchteten Nudelholz zu einer ca. ½ cm dicken Masse rollen, dabei das Fleisch über die ganze Fläche verteilen. Stattdessen können Sie auch eine Burger Presse verwenden: Folgen Sie den Anweisungen des Herstellers. Die mit Fleisch bedeckte Folie auf ein Blech legen und bei 60 °C für 4 bis 6 Stunden trocknen. Dann das Blech herausnehmen und das Fleisch mit der Folie nach oben auf ein anderes Blech legen, die Folie abziehen und entsorgen. Mit Küchenpapier bedecken und erneut mit einem Nudelholz über das Fleisch rollen, um überflüssiges Fett zu entfernen. Das Fleisch zurück in den Dehydrator legen und für weitere 4 bis 6 Stunden trocknen. Danach erneut überschüssiges Fett wie oben entfernen. Trocknen bis das Jerky hart und ledrig ist. Vor der Lagerung in Streifen schneiden. Luftdicht verpackt im Kühl- oder Gefrierschrank aufbewahren. Innerhalb von 6 Monaten verbrauchen.

EINFACHES PÖKEL-JERKY

2 ½ kg Rindfleisch
1/2 Tasse nicht-jodiertes Salz
1/2 Tasse Zucker
1 1/8 L Wasser

Schneiden Sie alles Fett aus dem Fleisch. Das Fleisch so dünn wie möglich mit der Faser schneiden (funktioniert am besten, wenn das Fleisch halbgefroren ist) oder das Fleisch von Ihrem Metzger schneiden lassen. Das Fleisch in kühle Sole legen und über Nacht im Kühlschrank pökeln. Nach mindestens 12 Stunden das Fleisch aus der Salzlösung nehmen, leicht abspülen und 1 Stunde lang auf Papierhandtüchern trocknen lassen. Fleischstreifen auf Blechen in den Räucherofen legen und 12 Stunden lang mit Ihrem Lieblingsrauch trocknen. Wenn die Trockenheit der Streifen Ihren Vorstellungen entspricht, abkühlen lassen und in einem Druckverschlussbeutel für die Mitnahme auf Reisen, zum Wandern oder Campen, usw. aufbewahren.

SOJA JERKY

1 ½ kg mageres Rindfleisch (Flanke; Rump, Lende oder Spitze)
3/4 Tasse Sojasauce
1/4 Tasse Worcestershire-Sauce
1/4 Tasse Brauner Zucker
1 TL Zwiebelpulver
1 Knoblauchzehe; gehackt
1/2 TL geschroteter Pfeffer
1/4 TL Liquid Smoke

Rindfleisch in Streifen schneiden, etwa 1 cm dick. Mischen Sie die Zutaten für die Marinade in einer großen gläsernen Auflaufform. Rindfleischstreifen hinzufügen, bedecken und über Nacht ziehen lassen. Rindfleischscheiben herausnehmen und trocknen. In einem elektrischen Dehydrator bei 65 °C trocknen, bis die Scheiben biegsam sind. In Einmachgläsern, lebensmittelechten Plastiktüten oder Lebensmittelbeuteln lagern.

WILD JERKY

1 kg Geschnetzeltes vom Hirsch, weniger als ½ cm dick
2 EL Worcestershire-Sauce
2 EL Sojasauce
1 EL Salz

Trockenfleisch, Beef Jerky & Biltong einfach selber machen

1 TL Paprikapulver
2 Knoblauchzehen, in Scheiben geschnitten
1 Tasse Whisky
1 Tasse Wasser

Das Fleisch leicht einfrieren und dann mit der Faser in lange, dünne Streifen schneiden. Wenn das Jerky zarter sein soll, quer zur Faser schneiden, es wird dann allerdings spröder. Entfernen Sie das gesamte Fett vom Fleisch. Marinieren Sie die Streifen über Nacht in einem Glasbehälter. Sie können den Whisky und das Wasser auch durch 2 Tassen Rotwein ersetzen. Trocken tupfen und Stücke nebeneinander auf einem Ofenblech anordnen, dabei sollen sie sich nicht überlappen. Bei geringer Temperatur (65 °C) für 6 Stunden trocknen. Ofentür angelehnt lassen, damit die Feuchtigkeit entweichen kann. Fleisch sollte dunkel und trocken sein. Lagern Sie das Jerky in einem kühlen, luftdichten Behälter.

BEEF JERKY MARINADE

1/2 Tasse Sojasoße
1/4 Tasse Worcestershire-Sauce
1/2 Tasse Wasser
1/4 Tasse brauner Zucker
1/2 TL Schwarzer Pfeffer
1/4 TL Paprika Flocken
1/2 TL Salz
4 bis 5 Spritzer scharfe Paprikasauce
Wasser, um das Fleisch zu bedecken
1-2 kg mageres Rindfleisch

Schneiden Sie das Fleisch, während es noch teilweise gefroren ist, in dünne Scheiben. Alle Zutaten für die Marinade in einer großen Edelstahlschüssel mischen. Fügen Sie die Fleischstreifen und genug Wasser hinzu, um sie zu bedecken. Gut mischen. Über Nacht ziehen lassen. Abtropfen lassen und Fleisch abspülen. Streifen in den Dehydrator legen und nach den Angaben des Herstellers trocknen.

GROßARTIGES JERKY

3/4 TL Salz
1/4 TL geschroteter Pfeffer
1 EL Brauner Zucker
1 Knoblauchzehe; zerstoßen
2 EL Sojasauce
1 EL Worcestershire-Sauce
500 g mageres Fleisch; in dünne Scheiben geschnitten

In einer kleinen Schüssel alle Zutaten bis auf das Fleisch mischen. Gut verrühren. Legen Sie die Fleischscheiben in einer einzelnen Schicht auf eine ebene Fläche. Beide Seiten großzügig mit der Mischung bestreichen. Legen Sie die Fleischstreifen in einen dicht abgedeckten Glas-, Steinzeug-, Kunststoff- oder Edelstahlbehälter und marinieren Sie sie für 6 bis 12 Stunden im Kühlschrank. Gelegentlich umrühren und dicht bedeckt halten. Folgen Sie den Anweisungen für die Trocknung und Aufbewahrung.

FRONTIER-JERKY

1 TL Salz
1/4 TL Pfeffer
1 TL Knoblauchpulver

Trockenfleisch, Beef Jerky & Biltong einfach selber machen

2 EL Worcestershire-Sauce
2 EL Liquid Smoke
500 g mageres Fleisch; in dünne Scheiben geschnitten

In einer kleinen Schüssel alle Zutaten bis auf das Fleisch vermischen. Gut verrühren. Das Fleisch 3 oder 4 Schichten tief in einen Glas-, Steinzeug-, Kunststoff- oder Edelstahlbehälter legen und Liquid Smoke über alle Schichten verteilen. Dicht abdecken. 6-12 Stunden lang im Kühlschrank marinieren, dabei gelegentlich umrühren und dicht bedeckt halten. Folgen Sie den Anweisungen für die Trocknung und Lagerung. Ergibt 125 g Jerky.

BEEF JERKY À LA WILLIE

1/2 Tasse natriumarme Sojasauce
1 1/4 TL Zwiebelpulver
1/3 Tasse Worcestershire Sauce
1 1/4 TL Knoblauchpulver
2 1/3 TL Pfeffer
2 EL brauner Zucker
500 g mageres Rindfleisch
Liquid Mesquite Smoke*
*Verwendung anstelle eines Räucherofens

Bis auf das Fleisch alle Zutaten zu einer Marinade verrühren. Schneiden Sie das Fleisch in dünne Scheiben (1 cm dick) und legen Sie diese 8-12 Stunden lang ein. Mit Mesquite Chips für etwa drei Stunden räuchern und dann im Ofen fertig trocknen. Wenn Sie keinen Räucherofen haben, nutzen Sie Liquid Smoke und hängen Sie die Fleischstreifen im Ofen an den höchsten Rost und legen Sie eine flache Pfanne als Abtropfblech darunter. Schalten Sie den Backofen auf die niedrigste Einstellung und lassen Sie das Fleisch für 6 bis 8 Stunden gründlich trocknen.

OFEN JERKY

1 Flankensteak
1 Gewürznelke
1/2 Tasse Honig
Pfeffer
4 EL Zitronensaft
1/2 Tasse Sojasauce
Salz

Steak im Gefrierschrank für 1/2 Stunde einfrieren, bis es fest ist. Quer zur Faser in ½ cm dicke Streifen schneiden. Die restlichen Zutaten zusammenmischen und die Steakstreifen für mindestens 2 Stunden marinieren. Die Streifen auf einem Gitter in eine Pfanne legen und im Ofen bei 65 Grad 12 Stunden lang trocknen oder bis das Jerky beim Biegen knackt, aber nicht bricht.

BEEF JERKY BARBEQUE

500 g Rinderlende Spitze oder -brust; hauchdünn oder 500 g Filet; etwa ½ cm dick
Barbecue-Sauce ohne Zucker
Zwiebelsalz nach Belieben
Knoblauchsalz nach Belieben

Wenn nötig, die Fleischscheiben so dünn wie möglich ausrollen. Entfernen Sie sämtliches Fett. Ofen auf 110 °C stellen und Backbleche mit Folie auslegen. Pinseln Sie eine Seite des Fleisches mit Sauce ein. Scheiben auf das Backblech legen; nicht stapeln. Sachte mit Zwiebel- und Knoblauchsalz bestreuen. Für 8-9 Stunden trocknen. Fleisch nach sechs Stunden wenden und mit Sauce einpinseln. Auskühlen lassen und in einem dicht abgedeckten Glas oder einer Plastiktüte lagern.

BASIC JERKY

750 g mageres Fleisch ohne Knochen
1/4 Tasse Sojasauce
1 TL Worcestershire
1/2 TL Zwiebelpulver
1/4 TL Pfeffer
1/4 TL Knoblauchpulver
1/4 TL Liquid Smoke
Pflanzenöl

Fleisch einfrieren, bis es fest, aber nicht hart ist; dann in etwa ½ cm dicke Scheiben schneiden. In einer mittelgroßen Glas-, Steinzeug-, Kunststoff- oder Edelstahlschüssel Sojasauce, Worcestershire, Zwiebelpulver, Pfeffer, Knoblauchpulver und Liquid Smoke zusammenmischen. Verrühren, bis sich die Gewürze auflösen. Fügen Sie das Fleisch hinzu und vermischen Sie alles, bis alle Oberflächen gründlich bedeckt sind. Streifen abdecken und im Kühlschrank mindestens 6 Stunden lang oder über Nacht ziehen lassen, dabei gelegentlich umrühren; nach dem Rühren wieder gut abdecken.
Jerky trocknen: Je nach Trocknungsmethode, die Sie anwenden, Dehydratorbleche oder Gitter gleichmäßig mit Pflanzenöl bedecken; im Ofen: Gitter auf Backbleche legen.

Das Fleisch aus der Schüssel nehmen, überschüssige Flüssigkeit abschütteln. Fleischstreifen dicht nebeneinander, aber nicht überlappend, auf den Blechen oder Gittern anordnen.

Dehydrator: Bleche nach den Anweisungen des Herstellers anordnen und etwa 8 bis 10 Stunden lang bei 60 Grad trocknen, bis ein Stück beim Biegen Risse bekommt (das Jerky für 5 Minuten auskühlen lassen, bevor Sie es testen). Tupfen Sie überschüssiges Fett vom Fleisch. Lassen Sie das Jerky vollständig auf Gestellen abkühlen. Frieren Sie es dann in einem festen Behälter 72 Stunden lang ein. In luftdichten, insektensicheren Behältern an einem kühlen, trockenen Ort, sonst im Kühl- oder Gefrierschrank lagern. Ergibt etwa 400 g. Lagerzeit: Bis zu 3 Wochen bei Raumtemperatur; bis zu 4 Monate im Kühlschrank, bis zu 8 Monate im Gefrierschrank.

JERKY A. HARVEST

4 EL Sojasauce
4 EL Worcestershire
1 EL Ketchup
1/4 TL Pfeffer (oder mehr)
1/4 TL Knoblauchpulver
1/4 TL Salz Zwiebel
1/2 TL Salz

Marinieren Sie die etwa ½ cm dicken Fleischstreifen 1 Stunde lang. Abtropfen lassen. Zum Trocknen auf Gitter legen, dabei nicht überlappen lassen und das Fleisch beim Trocknen mindestens einmal wenden. Bei 60° für 8-10 Stunden trocknen. Es ist fertig, wenn es sich biegen lässt, ohne zu brechen. Im Kühlschrank lagern.

LITTLE CHIEF BEEF & WILD JERKY

1/3 Tasse Zucker
1/4 Tasse Salz
2 Tassen Sojasauce
1 Tasse Wasser
1 Tasse Rotwein
1/2 TL Zwiebelpulver
1/2 TL Knoblauchpulver
1/2 TL Pfeffer
1/2 TL Tabasco

Trennen Sie das Fleisch vom Fett. Fleisch mit der Faser in etwa ½ - 1 cm dicke Scheiben schneiden. Die Fleischscheiben lassen sich gut schneiden, wenn sie halbgefroren sind oder lassen Sie das Fleisch alternativ einfach vom Metzger schneiden. Fleisch über Nacht in der Marinade lassen, mindestens 8 Stunden lang. Aus der Marinade entfernen und an der Luft trocknen lassen, ohne es vorher abzuspülen. Im Räucherofen 12 bis 16 Stunden lang räuchern oder bis das Jerky so trocken ist, wie Sie es wünschen. Verwenden Sie zum Räuchern Ihre Lieblingsrauchsorte.

TRUTHAHN-JERKY

750 g roher Truthahn; vorzugsweise Brust
1/4 Tasse Sojasauce
1 EL frischer Zitronensaft
1/4 TL Knoblauchpulver
1/4 TL Pfeffer
1/8 TL Ingwer

Truthahn gegen die Faser in etwa ½ cm dicke Streifen schneiden (Das Fleisch leicht einfrieren, um es leichter schneiden zu können). Mischen Sie die restlichen Zutaten und gießen Sie sie über das Fleisch. Marinade gut verteilen. Auf Dehydratorblechen in einer einzelnen Schicht anordnen und ca. 5 Stunden oder über Nacht trocknen.

SOJA JERKY

1 ½ kg mageres Rindfleisch (Flanke, Rump oder Lendenspitze)
3/4 Tasse Sojasauce
1/4 Tasse Worcestershire-Sauce
1/4 Tasse Brauner Zucker
1 TL Zwiebelpulver
1 Knoblauchzehe, zerkleinert
1/2 TL, geschroteter Pfeffer
1/4 TL Liquid Smoke (optional)

Rindfleisch in etwa 1 cm dicke Streifen schneiden. Die Zutaten für die Marinade in einer großen gläsernen Auflaufform zusammenmischen. Rindfleischstreifen hinzufügen, bedecken und über Nacht ziehen lassen. Das Fleisch ausschütteln. In einem elektrischen Dehydrator bei 65 °C trocknen, bis die Streifen biegsam sind. Lagern.

ZARTES JERKY

5 kg Hirsch, Elch, etc. zerkleinert
2/3 Tasse Pökelzucker oder 1 Messerspitze Pökelsalz
1 TL Kardamom
1 TL Majoran
1 EL Mononatriumglutamat
1 1/2 TL Cayennepfeffer
2 EL schwarzer Pfeffer
3 EL Liquid Smoke
2 EL Wasser
1/2 TL Knoblauchpulver

Bereiten Sie das Fleisch vor, indem Sie es zerlegen und Sehnen und Fett entfernen. Es ist wichtig, dass Sie alles Fett entfernen, sonst wird es ranzig. Entweder zerkleinern Sie das Fleisch selbst oder Sie lassen es beim Metzger zerkleinern; Wenn es grob zerkleinert wird, bringt es die besten Ergebnisse. Mischen Sie die Gewürze gründlich und fügen Sie sie nach und nach hinzu, während Sie das Fleisch wie einen Teig kneten. Legen Sie das Fleisch für mindestens 6 Stunden in den Kühlschrank, damit die Gewürze in das Fleisch einziehen können. Jetzt können Sie das Fleisch zum Trocknen vorbereiten. Wenn Sie eine elektrische Schneidemaschine haben, schneiden Sie das Fleisch in Blöcke von 10 x 35 cm. Das Fleisch in den Kühlschrank stellen, bis es fest, aber nicht gefroren ist, und dann in weniger als ½ cm dicke Scheiben schneiden. Sie sollten einen großen Stapel an runden Fleischscheiben erhalten. Wenn Sie keine Schneidemaschine haben, rollen Sie das Fleisch zwischen zwei Stücken Wachspapier, bis es etwa ½ cm dick ist. Entfernen Sie das obere Papier und ritzen Sie das Fleisch streifenweise an. Legen

Sie es für etwa 45 Minuten in den Gefrierschrank. Danach das Fleisch herausnehmen und an den Riefen brechen. Breiten Sie das Jerky auf Rosten aus und trocknen Sie es ca. 3-4 Stunden lang bei 65 °C im Ofen. Lassen Sie die Tür leicht geöffnet, damit Feuchtigkeit entweichen kann und die Wärme sich nicht staut. Wenden Sie das Jerky ein- oder zweimal während des Trocknens und drehen Sie die Bleche, wenn das Jerky in der Nähe der Heizelemente zu schnell trocknet. Das Fleisch sollte leicht biegsam bleiben. Pökeln Sie es nach Wunsch. Jerky kann im Gefrierschrank über Monate gelagert werden; je trockener es ist, umso länger hält es sich.

TERIYAKI TRUTHAHN JERKY

500 g Putenbrust, ohne Haut und Knochen, oder Putenfilets, von Fett und Bindegewebe befreit
1/4 TL Zwiebelpulver
1/4 TL Knoblauchpulver
1/2 Tasse Wasser
1/4 Tasse natriumarme Sojasauce
2 TL Worcestershire
2 EL fest verpackter brauner Zucker
1 TL Pfeffer
1/2 TL Liquid Smoke
Pflanzenöl

Frieren Sie den Truthahn ein, bis er fest, aber nicht hart ist; schneiden Sie ihn dann in dünne Streifen (etwa ½ cm). In einer mittelgroßen Glas-, Steinzeug-, Kunststoff- oder Edelstahlschüssel Zwiebelpulver, Knoblauchpulver, Wasser, Sojasauce, Worcestershire, Zucker, Pfeffer und Liquid Smoke zusammenrühren, bis sich die Gewürze aufgelöst haben.

Truthahn dazugeben und vermischen, bis alle Oberflächen gründlich bedeckt sind. Streifen abdecken und im Kühlschrank mindestens 6 Stunden lang oder über Nacht marinieren, dabei gelegentlich umrühren; nach dem Rühren wieder dicht abdecken.

Jerky trocknen: Je nach Trocknungsmethode, die Sie anwenden, Dehydratorbleche oder Gitter gleichmäßig mit Pflanzenöl bedecken; im Ofen: Gitter auf Backbleche legen. Das Fleisch aus der Schüssel nehmen, überschüssige Flüssigkeit abschütteln. Fleischstreifen dicht nebeneinander, aber nicht überlappend, auf den Blechen oder Gittern anordnen.

Dehydrator: Bleche nach den Anweisungen des Herstellers anordnen und bei 60 Grad trocknen, bis ein Stück beim Biegen Risse bekommt (4 ½ bis 6 Stunden, lassen Sie das Jerky vor dem Testen 5 Minuten abkühlen).

Ofentrocknung: Stellen Sie den Backofen auf 60 bis 100 Grad (je niedriger, desto besser - die niedrigste mögliche Einstellung). Bleche mindestens 4 cm von der Wärmequelle entfernt platzieren. Ofentür ca. 2 cm offen lassen. Trocknen, bis ein Stück beim Biegen Risse bekommt (4 bis 6 Stunden, lassen Sie das Jerky vor dem Testen 5 Minuten abkühlen). Tupfen Sie überschüssiges Fett vom Fleisch. Lassen Sie das Jerky vollständig auf Gestellen abkühlen. Frieren Sie es dann in einem festen Behälter 72 Stunden lang ein. In luftdichten, insektensicheren Behältern an einem kühlen, trockenen Ort, sonst im Kühl- oder Gefrierschrank lagern. Lagerzeit: Bis zu 3 Wochen bei Raumtemperatur; bis zu 4 Monate im Kühlschrank, bis zu 8 Monate im Gefrierschrank.

POW WOW JERKY

1 kg sehr mageres Rind- oder anderes Fleisch
1/3 Tasse Sojasauce
1 TL Liquid Smoke
1 1/2 TL brauner Zucker
1 TL Salz
1 TL Pfeffer
1 TL Knoblauch, gemahlen

Alle Zutaten gut zusammenmischen. Abgedeckt im Kühlschrank über Nacht aufbewahren, damit sich die Aromen vermischen. Rollen Sie die Mischung zwischen Wachspapier oder Plastikfolie, bis sie etwa ½ cm Zoll dick ist. Legen Sie die Fleischschichten in passenden Größen in einen Dehydrator oder auf Metallgitter auf Backblechen in den Ofen. Für 7-8 Stunden bei 65°C trocknen. Das Jerky soll zäh, aber nicht vollständig trocken sein. Mit einer Küchenschere in 2 – 2 ½ cm breite Streifen schneiden. Ergibt etwa 400 g Jerky.

TERIYAKI RIND/WILD JERKY

300 ml Sojasauce
1 Tasse Burgunder Wein
1 Tasse brauner Zucker
2 TL Liquid Smoke (2 im Dehydrator, 1 im Räucherofen)
1 TL Salz
1/2 TL Knoblauchpulver
1/2 TL Zwiebelpulver
1 TL schwarzer Pfeffer
1/2 TL Cayennepfeffer (oder mehr)

Trockenfleisch, Beef Jerky & Biltong einfach selber machen

Die Marinade zusammenmischen und für 1/2 Stunde stehen lassen, während Sie das Rindfleisch/Wild in ½ - 1 cm dicke Streifen schneiden. Über Nacht im Kühlschrank marinieren. Etwa 8 Stunden lang dehydrieren oder räuchern, bis das Jerky dunkel und trocken, aber immer noch biegsam ist. Nicht übermäßig trocknen. Bis zum Verzehr im Kühlschrank aufbewahren.

WILD JERKY

2 kg Hirsch
1 Tasse Barbecue-Sauce
2 EL Liquid Smoke
1 TL Chilipulver
1 EL Worcestershire-Sauce
wenige Körner Cayennepfeffer

Frieren Sie das Fleisch ein, bis es fest genug ist, um es leicht schneiden zu können. Mit einem scharfen Messer oder einer Schneidemaschine in weniger als ½ cm dicke Scheiben schneiden und diese dann in 4 cm breite Streifen schneiden. Breiten Sie die Hirschstreifen in Reihen in einer flachen Backform aus. Verrühren Sie die restlichen Zutaten miteinander und gießen Sie sie über das Fleisch. Marinieren Sie alles über Nacht im Kühlschrank. Gut abtropfen lassen.

Dehydrator: Streifen ohne zu überlappen auf Blechen auslegen. 4 Stunden lang bei 60 °C trocknen. Streifen wenden und Blech drehen. Für weitere 6 bis 8 Stunden trocknen. Fertiges Jerky sollte dunkel und faserig aussehen sowie spröde genug sein, dass es beim Biegen splittert.

Trockenfleisch, Beef Jerky & Biltong einfach selber machen

Sonne: Jerky an der Sonne zu trocknen ist in den meisten Klimazonen nicht empfohlen.

Ofen: Die Fleischstreifen reihenweise auf Blechen anordnen und darauf achten, dass sie nicht überlappen. Bei 45 °C trocknen, bis die Streifen beim Biegen an den Kanten splittern (18-24 Stunden).

TRUTHAHN JERKY

500 g Putenbrust oder –filet, ohne Knochen und gehäutet
1 EL Salz
1/2 Tasse Wasser
2 EL brauner Zucker; fest verpackt
2 Knoblauchzehen, gepresst oder gehackt oder 1/4 TL Knoblauchpulver
1/2 kleine Zwiebel; gehackt oder 1/4 TL Zwiebelpulver
1 TL Pfeffer
1/2 TL Liquid Smoke
Pflanzenöl

Fleisch abspülen und trocken tupfen. Entfernen Sie sämtliches Fett und Bindegewebe. Um das Fleisch leichter schneiden zu können, frieren Sie es ein, bis es sich fest anfühlt, aber nicht hart. Truthahn in etwa ½ cm dicke Scheiben schneiden. Schneiden Sie Putenbrust mit oder quer zur Faser und Filets in Längsrichtung. In einer Schüssel Salz, Wasser, braunen Zucker, Knoblauch, Zwiebel, Pfeffer und Liquid Smoke verrühren. Truthahn hinzufügen und gut vermischen. Bedecken und kühlen Sie es mindestens 1 Stunde oder bis zu 24 Stunden lang; Das Fleisch wird den größten Teil der Flüssigkeit aufnehmen. Bedecken Sie, je nach Trocknungsverfahren, gleichmäßig Dehydratorbleche (Sie brauchen 3, jeweils etwa 25 x 35 cm) oder Metallgitter (um eine 25 x 40-cm-Backform abzudecken) mit Pflanzenöl, um ein Anhaften des Fleisches zu verhindern. Putenstreifen aus der Marinade nehmen, überschüssige Feuchtigkeit abschütteln und Streifen dicht nebeneinander, aber nicht überlappend, auf die Gestelle legen.

Dehydrator: Bleche entsprechend den Anordnungen des Hersteller anordnen und etwa 4 ½ - 5 Stunden lang bei 60 °C trocknen, bis ein abgekühltes Stück (aus dem Dehydrator nehmen und ca. 5 Minuten lang abkühlen lassen) beim Biegen reißt/bricht.

Ofen: Bleche auf der mittleren Schiene platzieren. Tür ca. 2 cm offen lassen. Ca. 3 - 5 Stunden lang bei 65 – 100 °C trocken, bis ein Stück Jerky beim Biegen reißt/bricht (siehe oben).

Lassen Sie das Jerky auf den Blechen auskühlen, dann herunter nehmen. Direkt servieren oder bis zu 3 Wochen lang an einem kühlen, trockenen Ort in luftdichten Behältern aufbewahren, im Kühlschrank hält es sich bis zu 4 Monate im Gefrierschrank noch länger. Ergibt etwa 250 g.

WILD JERKY

1 kg Hirsch
1 Tasse Sojasauce
1 TL Zitronensaft
1/2 TL Schwarzer Pfeffer
1/4 TL Knoblauch

Schneiden Sie das Fleisch in Streifen von ungefähr ½ x 2 ½ x 20 cm. Alle Zutaten mischen und das Fleisch ca. 10 Stunden lang marinieren, dabei stündlich drehen. Auf dem Grill trocknen oder das Fleisch auf einer Grillpfanne ausbreiten und dann im Ofen bei schwacher Hitze trocknen.

Trockenfleisch, Beef Jerky & Biltong einfach selber machen

BILTONG REZEPT

Biltong sind gewürzte und getrocknete Fleischstreifen und nicht nur i Südafrika ein beliebter Snack.

Zutaten:

- 5 Pfund Rindfleisch - Rumpsteak oder Braten aus der Keule oder Lende
- 3 Tassen Steinsalz
- ¼ Tasse brauner Zucker
- 1 Teelöffel Natriumbikarbonat
- 1 Tasse Koriandersamen - geröstet
- 1 ½ Tassen Malzessig mit ¾ Tasse Worcestershiresoße gemischt
- Schwarzer Pfeffer

Zubereitung:

1. Schneiden Sie das Fleisch in Streifen (ca. 3 - 5 cm breit und 2 bis 2 1/2 cm dick).
2. Schütten Sie eine Schicht aus Steinsalz in eine Plastikwanne oder große Schüssel auf
3. Legen Sie die Steaks hinein und bedecken Sie diese mit Steinsalz
4. Wenn alle Steaks mit Steinsalz bedeckt worden sind, stellen Sie die Wanne für eine halbe Stunde in den Kühlschrank. In einer anderen Kunststoffwanne oder einer Schüssel gießen Sie den Malz-Essig und die Worcestershiresoße hinein (dies ist die Beize).
5. Fügen Sie den Zucker und das Natron in die Beize.

Trockenfleisch, Beef Jerky & Biltong einfach selber machen

6. Mischen Sie die Beize gut durch.
7. Nun geben Sie die gerösteten Koriandersamen in einen Mixer und mahlen Sie diese, gerade so weit, um die Samen nur leicht zu zerkleinern und sich nur wenig Pulver bildet. (Sie können die Samen auch auf ein Schneidebrett legen und mit einer Teigrolle darüber rollen)
8. Holen Sie die Wanne mit den gesalzenen Steaks aus dem Kühlschrank und entfernen Sie das Steinsalz von jedem Steak. Das Fleisch sollte jetzt fester sein. Legen Sie die vom Salz befreiten Steaks beiseite.
9. Nun alle Steaks in den Beize tunken und sie für etwa 5 Minuten dort ziehen lassen .
10. Danach die Steaks wieder entfernen und jedes Steak drücken um Flüssigkeit zu entfernen, aber nur nicht zu viel!
11. Tun Sie dies für alle Steaks und legen Sie sie dann beiseite.
12. Nun geben Sie die zerkleinerten Koriandersamen auf eine flache Oberfläche und drücken jedes Steak mit beiden Seiten in das Korianderpulver.
13. Legen Sie die mit Koriander bedeckten Steaks flach hin und streuen Sie vorsichtig den gemahlener schwarzer Pfeffer auf die Steaks, jeweils auf beide Seiten.
14. Nun hängen Sie jedes Steak in Ihre Biltong-Box (Achten Sie darauf, dass die Stücke einander nicht berühren!)
15. Trocknen Sie sie in der Box für 3 bis 7 Tage.
16. Entfernen Sie den getrockneten Biltong aus der Biltong-Box und schneiden Sie sich ein Stück ab! Guten Appetit!

Trockenfleisch, Beef Jerky & Biltong einfach selber machen

BILTONG BOX

SELBER BAUEN

Wenn Sie Biltong oder Droewors selber machen möchten benötigen Sie natürlich auch eine entsprechende Biltong Box. Sie können eine solche Box im Handel kaufen oder selbst eine Biltong Box bauen.

Der Kauf einer Biltong Box ist hier in Deutschland allerdings nur schwer möglich, da es keinen entsprechenden Fachhandel dafür gibt. Es gibt zwar unterschiedliche Angebote, allerdings handelt es sich hier meist um Inportware, die dann auch selbst zusammen gebaut werden muss. Aus diesem Grund bietet es sich an, sich direkt selbst eine Biltong Box zu bauen.

Es gibt unterschiedliche Möglichkeiten für eine Biltong Box. Die Einfachste und Primitivste ist ein Karton oder eine Kunststoffbox aus dem Handel, welche entsprechend umgearbeitet wird. Eine Lösung aus Kunststoff- oder Holzplatten ist wesentlich eleganter und schöner.

Die Herstellung von Biltong ist recht einfach und die Biltong Box ist beinahe schon primitiv. Es wird ein Gehäuse, eine Wärmequelle und eine Möglichkeit der Luftzirkulation benötigt.

Trockenfleisch, Beef Jerky & Biltong einfach selber machen

Die hier vorgeschlagene Bauanleitung kann von Ihnen 1:1 umgesetzt werden oder Sie nutzen diese als Anregung für den Bau einer eigens gestalteten Box.

Benötigte Materialien:

Lampenfassung für eine klassische E27 Glühbirne (100 Watt)
Anschlusskabel für 220V
Lüsterklemmen
Verteilerdose
Ventilator / Lüfter für 220V

Sicherheitshinweise ! : Die Installation von elektrischen Bauteilen sollten Sie einem Fachmann überlassen! Der Autor übernimmt keinerlei Garantie für etwaige Schäden und Verletzungen, die durch unsachgemäße Handhabung von Elektrischen Bauteilen und Anschlüssen.

Holzplatten in den folgenden Formaten (unbehandeltes, nicht lackiertes Holz)

Seitenwände: 2 Stück 90cm x 60cm x 1,5cm
Boden / Deckel: 2 Stück 50cm x 60cm x 1,5cm
Rückwand / Tür: 2 Stück 93cm x 60cm x 1,5cm
Zwischenboden: 1 Stück 60cmx 57cm x 1,5cm

Wenn Sie dünneres oder dickeres Holz verwenden wollen, müssen Sie natürlich auf die Maße der Bretter achten.

3 Stück Türscharniere oder Klavierband
1 Stück Türgriff
4 – 5 Stück Holz oder Metallstäbe
Etwa 30 – 50 Schrauben

Trockenfleisch, Beef Jerky & Biltong einfach selber machen

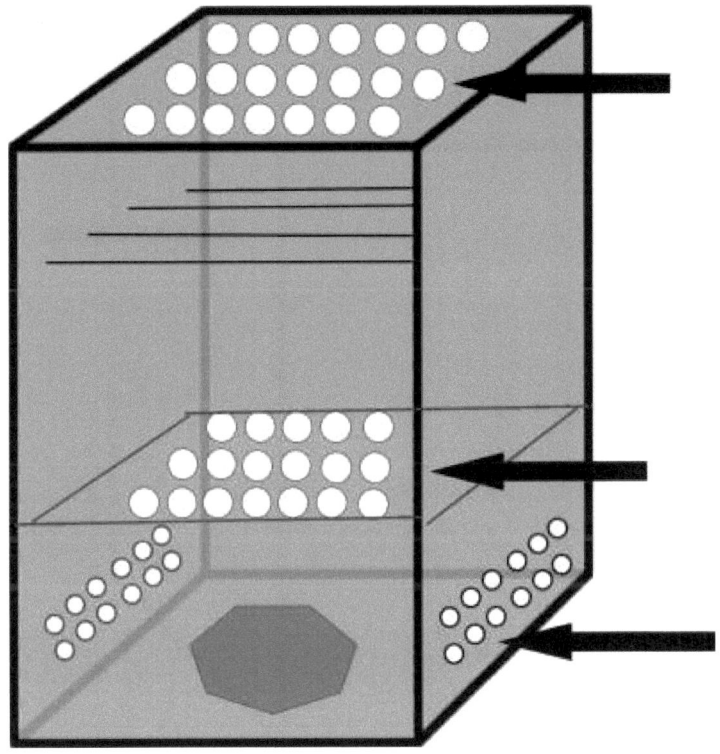

Montieren Sie den Korpus mit den Seitenwänden, Boden, Deckel und Rückwand. Bohren Sie, wie in der Zeichnung vorgeschlagen, Belüftungslöcher in den Deckel und die Seitenwände. Dann bohren Sie die Lüftungslöcher auch in den Zwischenboden und montieren diesen.

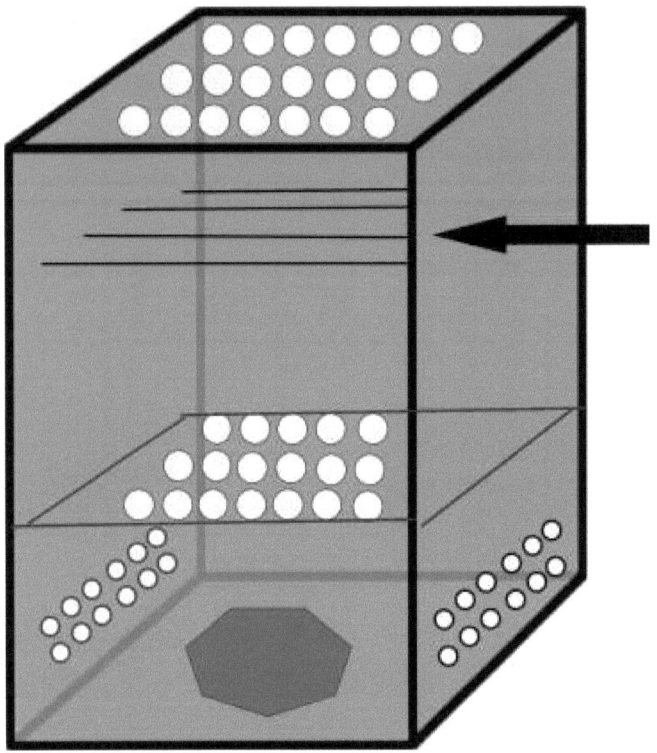

Um die Trockenstäbe zu montieren haben Sie zwei
unterschiedliche Möglichkeiten.
Entweder bohren Sie entsprechend große Löcher in die
Seitenwände um die Stäbe durchzuführen oder Sie platzieren
die Stäbe und fixieren diese durch Schrauben durch die
Seitenwände.

Trockenfleisch, Beef Jerky & Biltong einfach selber machen

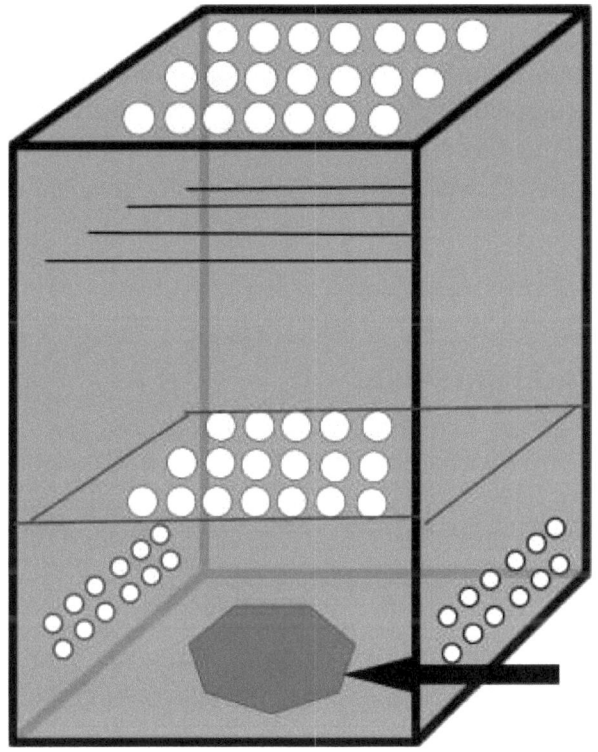

Auf der Bodenplatte platzieren Sie die Wärmequelle und den Lüfter.

Beachten Sie bitte, dass die Installation von elektrischen Bauteilen nur durch Fachpersonal vorgenommen werden darf.

Wie funktioniert das Ganze nun?

Nun, die Lampe strahlt Wärme ab, die durch den Lüfter nach oben Richtung Fleisch transportiert wird und durch die Öffnungen der Box entweicht. Durch den kontinuierlichen, warmen Luftstrom wird das Fleisch langsam getrocknet.

Tipps und Hinweise:

Wenn Sie Ihre Biltong Box aus Holz gebaut haben, kleiden Sie die Zwischenplatte und die Holzstäbe mit Alufolien aus. Das Fleisch verliert durch die Trocknung viel Flüssigkeit und verunreinigt natürlich Ihre Biltong Box.

Die Luftlöcher sollten Sie mit feinmaschiger Metallgaze (Fliegengitter) abdecken, damit keine Fliegen und andere Schädlinge an Ihr Fleisch gehen.

Diese Bauanleitung dient nur als Anregung, wie eine Biltong Box aussehen kann. Natürlich können Sie Ihre eigenen Ideen verwirklichen und Ihre individuelle Biltong Box bauen. Nur das Prinzip, das wird immer das Gleiche sein.

Trockenfleisch, Beef Jerky & Biltong einfach selber machen

BOEREWORS REZEPT

Boerewors ist eine südafrikanische Wurst mit Koriander Geschmack. Sie ist sehr beliebt und sehr gefragte bei Südafrikanern die außerhalb von Südafrika leben, das heißt, wenn die Wurst nicht einfach beim lokalen Fleischer erworben werden kann.

Zutaten:

- 2 kg (4,4 lb) gutes Rindfleisch
- 1 kg (2,2 lb) Schweinefleisch
- 20 g (50 ml oder 10 TL) Koriander
- 2 ml (1/2 TL) gemahlene Gewürznelken
- 2 ml (1/2 TL) geriebene Muskatnuss
- 30 g (25 ml oder 5 TL) feines Salz
- 5 ml (1 TL) frisch gemahlener schwarzer Pfeffer
- 500 g (+/- 1 lb) Speck
- 100 ml Essig
- Wursthüllen (Schweinedarm ist gut)

Trockenfleisch, Beef Jerky & Biltong einfach selber machen

Zubereitung:

Vorbereitung des Korianders (15 ml ergeben 5 ml)

1. In eine trockene Pfanne geben, erhitzen und rühren, bis sie hellbraun werden.
2. Mahlen, dann sieben um die Schalen zu entfernen. Den Rest zu einem feinen Pulver weiter mahlen. (Eine Kunststoffdose und eine Teigrolle funktionieren gut. Seit kurzem habe ich hierfür eine alte Kaffeemühle im Einsatz.)

Herstellung der Boerewors:

1. Schneiden Sie das Fleisch in etwa 25 mm große Würfel.
2. Lassen Sie das in Würfel geschnitten Fleisch für eine Weile stehen damit überschüssiges Blut abfließen kann.
3. Schneiden Sie den Speck in kleine Stücke. Mischen Sie das Fleisch und die Gewürze zusammen. Fügen Sie den Essig dazu und mischen Sie gut.
4. Stellen Sie die fertige Mischung für mindestens 2 Stunden in den Kühlschrank.
5. Wolfen Sie alles zusammen. Aber nicht zu fein - nutzen Sie ein Cuttermesser, mit +/- 1 cm Löcher.
6. Stopfen Sie das Gemisch in die Wursthülle, aber seien Sie vorsichtig und überfüllen Sie nicht.